Soporte Vital Básico

Montserrat Alonso Negro

Ana María Rivas Hidalgo

ic editorial

Soporte Vital Básico
© Ana Belén Carmona Romera
© Ana María Rivas Hidalgo

1ª Edición

Editado por: IC Editorial
c/ Cueva de Viera, 2, Local 3
Centro Negocios CADI
29200 Antequera (Málaga)
Teléfono: 952 70 60 04
Fax: 952 84 55 03
Correo electrónico: iceditorial@iceditorial.com
Internet: www.iceditorial.com

ISBN: 978-84-1184-893-0
Depósito Legal: MA 929-2025

Impresión: PODiPrint
Impreso en Andalucía – España

Nota de la editorial: IC Editorial pertenece a Innovación y Cualificación S. L.

Presentación del manual

El **Certificado de Profesionalidad** es el instrumento de acreditación, en el ámbito de la Administración laboral, de las cualificaciones profesionales del Catálogo Nacional de Cualificaciones Profesionales adquiridas a través de procesos formativos o del proceso de reconocimiento de la experiencia laboral y de vías no formales de formación.

El elemento mínimo acreditable es la **Unidad de Competencia.** La suma de las acreditaciones de las unidades de competencia conforma la acreditación de la competencia general.

Una **Unidad de Competencia** se define como una agrupación de tareas productivas específica que realiza el profesional. Las diferentes unidades de competencia de un certificado de profesionalidad conforman la **Competencia General,** definiendo el conjunto de conocimientos y capacidades que permiten el ejercicio de una actividad profesional determinada.

Cada **Unidad de Competencia** lleva asociado un **Módulo Formativo,** donde se describe la formación necesaria para adquirir esa **Unidad de Competencia,** pudiendo dividirse en **Unidades Formativas.**

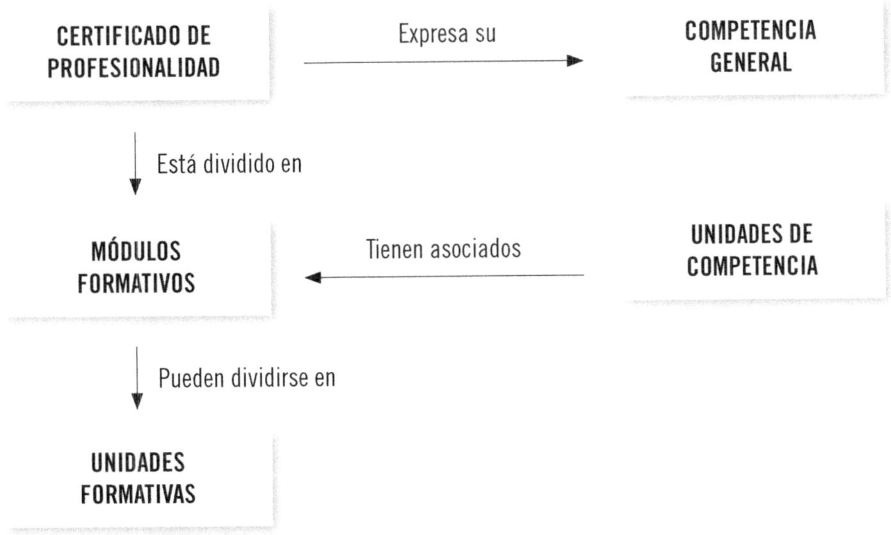

El presente manual desarrolla la Unidad Formativa **UF0677: Soporte vital básico,**

perteneciente al Módulo Formativo **MF0070_2: Técnicas de soporte vital básico y de apoyo al soporte vital avanzado,**

asociado a la unidad de competencia **UC0070_2: Prestar al paciente soporte vital básico y apoyo al soporte vital avanzado,**

del Certificado de Profesionalidad **Transporte sanitario**

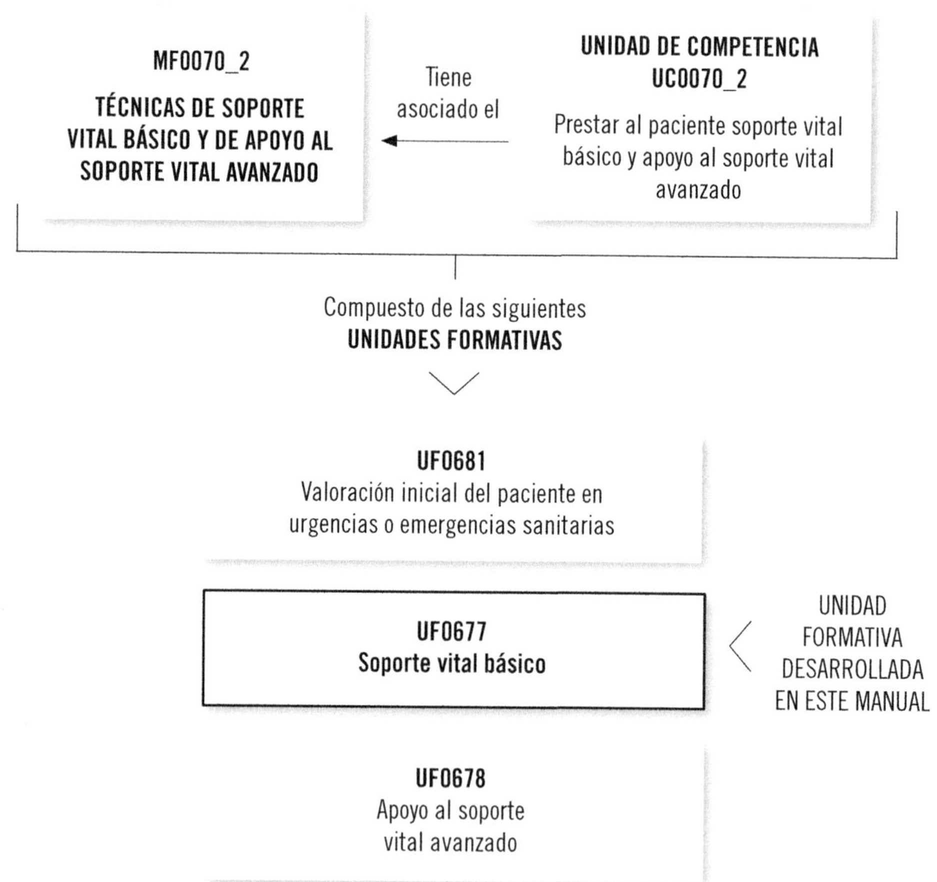

FICHA DE CERTIFICADO DE PROFESIONALIDAD

(SANT0208) TRANSPORTE SANITARIO (R. D. 710/2011, de 20 de mayo)

COMPETENCIA GENERAL: Mantener preventivamente el vehículo y controlar la dotación material del mismo, realizando atención básica sanitaria en el entorno pre-hospitalario, trasladando al paciente al centro sanitario útil

Cualificación profesional de referencia	**Unidades de competencia**		**Ocupaciones o puestos de trabajo relacionados:**
SAN025_2:TRANSPORTE SANITARIO (R. D. 295/2004 de 20 de febrero)	UC0069_1	Mantener preventivamente el vehículo sanitario y controlar la dotación material del mismo.	• 8412.1017: Conductores de ambulancias • Transporte sanitario programado y Transporte sanitario urgente, con equipos de soporte vital básico y equipos de soporte vital avanzado.
	UC0070_2	Prestar al paciente soporte vital básico y apoyo al soporte vital avanzado.	
	UC0071_2	Trasladar al paciente al centro sanitario útil.	
	UC0072_2	Aplicar técnicas de apoyo psicológico y social en situaciones de crisis.	

Correspondencia con el Catálogo Modular de Formación Profesional

Módulos certificado	Unidades formativas	Horas
MF0069_1: Operaciones de mantenimiento preventivo del vehículo y control de su dotación material	UF0679: Organización del entorno de trabajo en transporte sanitario	40
	UF0680: Diagnosis preventiva del vehículo y mantenimiento de su dotación material	60
MF0070_2: Técnicas de soporte vital básico y de apoyo al soporte vital avanzado	UF0681: Valoración inicial del paciente en urgencias o emergencias sanitarias	50
	UF0677: Soporte vital básico	60
	UF0678: Apoyo al soporte vital avanzado	50
MF0071_2: Técnicas de inmovilización, movilización y traslado del paciente	UF0682: Aseguramiento del entorno de trabajo para el equipo asistencial y el paciente	40
	UF0683: Traslado del paciente al centro sanitario	60
MF0072_2: Técnicas de apoyo psicológico y social en situaciones de crisis		40
MP0140: Prácticas profesionales no laborales de transporte sanitario		160

Índice

Capítulo 1
Soporte vital básico

1. Introducción 9
2. Técnicas de soporte ventilatorio en adultos y en edad pediátrica 9
3. Técnicas de soporte circulatorio en adultos y en edad pediátrica 35
4. Resumen 49
Ejercicios de repaso y autoevaluación 51

Capítulo 2
Atención inicial del paciente politraumatizado

1. Introducción 55
2. Epidemiología 55
3. Biomecánica del trauma 57
4. Valoración y control de la escena 59
5. Valoración inicial del paciente politraumatizado 61
6. Valoración, soporte y estabilización de las lesiones traumáticas 67
7. Atención inicial en traumatismos 69
8. Connotaciones especiales del paciente traumatizado pediátrico, anciano o gestante 81
9. Amputaciones 84
10. Explosión 86
11. Aplastamiento 87
12. Vendajes 89
13. Cuidado y manejo de lesiones cutáneas 96
14. Resumen 103
Ejercicios de repaso y autoevaluación 105

Capítulo 3
Atención inicial a las urgencias y emergencias cardiocirculatorias y respiratorias

1. Introducción 109
2. Síntomas y signos clínicos propios de patología cardiovascular 109
3. Principales patologías cardiocirculatorias 116
4. Síntomas y signos clínicos propios de la patología respiratoria aguda 132

5. Principales patologías respiratorias 138
6. Actuación sanitaria inicial en patología cardiocirculatoria aguda 144
7. Actuación sanitaria inicial en la patología respiratoria aguda 145
8. Resumen 147
Ejercicios de repaso y autoevaluación 149

Capítulo 4
Atención inicial ante emergencias neurológicas y psiquiátricas

1. Introducción 153
2. Principales síntomas en patología neurológica y psiquiátrica 153
3. Signos de alarma ante emergencias neurológicas y psiquiátricas 163
4. Principales patologías neurológicas y psiquiátricas 165
5. Signos de alarma ante cuadros de intoxicación y envenenamiento 181
6. Cuadros infecciosos graves con alteración de la conciencia (respiratorios, abdominales, urológicos, neurológicos, estado séptico) 184
7. Resumen 187
Ejercicios de repaso y autoevaluación 189

Capítulo 5
Atención inicial ante emergencias gestacionales y cuidados al neonato

1. Introducción 193
2. Fisiología del embarazo y desarrollo fetal 193
3. Fisiología del parto: fases de progreso y evolución; mecánica y valoración del trabajo de parto. Signos de parto inminente 198
4. Patologías más frecuentes del embarazo y parto 203
5. Protocolos de actuación en función del tipo de emergencia, situación de la embarazada y fase de mecánica del parto 211
6. Cuidados sanitarios iniciales al neonato. Escala de Apgar. Protección del recién nacido 221
7. Cuidados a la madre durante el "alumbramiento". Precauciones y protocolos básicos de atención 225
8. Resumen 230
Ejercicios de repaso y autoevaluación 231

Capítulo 6
Cumplimentación de la hoja de registro acorde al proceso asistencial del paciente y transmisión al centro coordinador

1. Introducción 235
2. Conjunto mínimo de datos 235
3. Signos de gravedad 243
4. Registro Utstein (parada cardiorrespiratoria) 248

5. Sistemas de comunicación de los vehículos de transporte sanitario 248
6. Protocolos de comunicación al centro coordinador 249
7. Resumen 250
Ejercicios de repaso y autoevaluación 251

Bibliografía 253

Capítulo 1

Soporte vital básico

Contenido

1. Introducción
2. Técnicas de soporte ventilatorio en adultos y en edad pediátrica
3. Técnicas de soporte circulatorio en adultos y en edad pediátrica
4. Resumen

1. Introducción

En situaciones de emergencia, el sólido conocimiento y la correcta aplicación de las técnicas englobadas dentro del soporte vital básico resultan fundamentales para salvar la vida de un paciente.

En esta unidad se busca, para ello, aprender acerca de los procedimientos necesarios para asegurar que una persona en estado crítico pueda mantener, hasta que sea llevada al hospital, una situación estable, que incluya actividad tanto circulatoria como respiratoria.

Esto se consigue trabajando a nivel respiratorio desde la apertura de la vía aérea hasta la administración eficaz de oxígeno cuando sea necesario. Más allá, también es básico y fundamental un buen masaje cardiaco, así como manejar un desfibrilador en situaciones de paro cardíaco. Se sabrá también qué son y cómo aplicar las medidas de hemostasia necesarias según las últimas recomendaciones de los expertos, ya que es otra parte fundamental de la asistencia.

Todo este conjunto de habilidades va a permitir responder de manera rápida y segura, la base de toda la asistencia prehospitalaria, y mantener o restituir los signos vitales.

2. Técnicas de soporte ventilatorio en adultos y en edad pediátrica

El soporte ventilatorio es una intervención crucial en el manejo de emergencias médicas, diseñada para garantizar que los pacientes que tienen dificultad para respirar puedan recibir suficiente oxígeno y eliminar el dióxido de carbono de manera eficaz. Las técnicas de soporte ventilatorio varían según las necesidades del paciente, que pueden verse influidas por su edad, tamaño corporal y condición médica subyacente. A continuación, se explicarán las estrategias utilizadas para proporcionar soporte ventilatorio en adultos y en personas en edad pediátrica.

2.1. Indicaciones del soporte ventilatorio

El soporte ventilatorio comprende técnicas y procedimientos que buscan garantizar que una persona reciba el oxígeno necesario cuando no puede respirar de manera eficiente por sí misma. Su propósito es preservar la función respiratoria y evitar que la falta de oxígeno afecte a los órganos vitales. Es una intervención crítica en el soporte vital básico.

En este contexto, comprender cuándo y por qué implementar el soporte ventilatorio es esencial para los profesionales de salud que operan en situaciones de emergencia. Las indicaciones para iniciar esta modalidad de soporte varían, pero una evaluación rápida y precisa es fundamental para maximizar la eficacia del tratamiento y mejorar los resultados clínicos. Se resaltan los siguientes ejemplos como los más habituales en el trabajo asistencial diario:

- **Dificultad respiratoria o disnea:** hace referencia a la sensación de esfuerzo para poder respirar, la cual no siempre se acompaña de una alteración grave en el intercambio de gases en la sangre, como sucede en la insuficiencia respiratoria. La dificultad respiratoria puede ser subjetiva o también puede ocurrir en cuadros infecciosos respiratorios, que sí podrían, en determinadas ocasiones, necesitar de soporte ventilatorio.
- **Mala permeabilidad de la vía aérea:** por diversos motivos, como que esté obstruida por objetos extraños, por líquidos, por colapsos derivados de estados anafilácticos, etc.
- **Apneas:** cuando estas dificultan la buena perfusión de oxígeno. Se definen como la interrupción temporal y no permanente de la respiración. Pueden ser voluntarias (se da, por ejemplo, en personas que se dedican al buceo) o involuntarias (debido a trastornos ventilatorios, neurológicos o de otra índole).
- **Insuficiencia respiratoria:** se caracteriza por la incapacidad de los pulmones de garantizar un intercambio adecuado de gases, manifestando hipoxia y, en ocasiones, hipercapnia. Esta condición requiere intervención inmediata para evitar el deterioro clínico. Se da habitualmente en pacientes con patologías respiratorias o cardiacas crónicas.
- **Parada respiratoria o ausencia de respiración:** independientemente del motivo, es una causa clara para iniciar la asistencia ventilatoria de manera urgente, para garantizar el aporte de oxigeno necesario.

- **Otros:** la inhalación de sustancias tóxicas puede dañar el tejido pulmonar y comprometer la función respiratoria. También se pueden dar dificultades por trastornos neurológicos, lesiones medulares a nivel cervical, traumatismos en la zona del cuello, etc.

A pesar de su importancia, es fundamental reconocer las limitaciones del soporte ventilatorio y los riesgos asociados. La hiperventilación en una persona que no precise del aporte de oxígeno suplementario puede provocar desórdenes metabólicos que se describirán más adelante y poner en riesgo la vida del paciente. Mantener el equilibrio entre una ventilación adecuada y la minimización de complicaciones es siempre el objetivo.

2.2. Técnicas de apertura de la vía aérea

Para poder valorar la vía aérea del paciente correctamente, sobre todo en aquellas ocasiones en las que esté inconsciente, hay que hacer maniobras de apertura de vía aérea. Dependiendo del contexto, las herramientas y las necesidades, hay dos procedimientos diferentes. En este caso, las fundamentales serán las formas manuales.

Maniobra frente-mentón

La maniobra frente-mentón se realiza con el paciente en posición decúbito supino y siempre que no se tenga sospecha de lesiones cervicales graves.

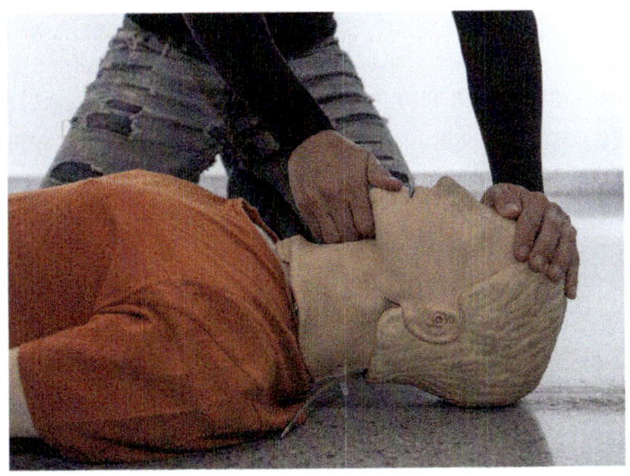

Esta maniobra se denomina frente-mentón porque se traccionan estas partes para crear el movimiento y lograr la apertura.

Se debe colocar la palma de una de las manos en la frente del paciente y la otra en el mentón, haciendo una ligera pinza para no ejercer presión en la garganta con toda la superficie de nuestra mano, como se observa en la imagen anterior.

Una vez colocadas ambas manos, se hará un gesto de hiperextensión hacia atrás, quedando así expuesto el cuello, y devolviendo la lengua a su posición, despejando las vías y dando lugar a poder comprobar la respiración. También se usa para revisar si hay algún problema dentro de la boca el paciente y en las ventilaciones que se aplican en la RCP.

Es importante resaltar que, en los lactantes (menores de un año), para comprobar la vía aérea no es necesario esta maniobra, ya que, por su proceso de maduración, conservan una hiperextensión natural del cuello.

Maniobra de tracción mandibular / subluxación mandibular

Se usa exclusivamente en casos de TCE o sospecha de lesión medular/ósea en las cervicales. Consiste en empujar el maxilar inferior hacia adelante y desplazarlo ligeramente de su posición natural, para que la lengua tome la posición anatómica que debería tener y valorar así la vía. Requiere de mayor destreza y preparación.

Nota

La tracción mandibular es una maniobra en la cual se introduce el pulgar en la cavidad bucal del paciente para tirar del maxilar hacia arriba. No se recomienda debido al riesgo de trismus del paciente y a las consecuencias que esto pueda tener para el interviniente.

2.3. Permeabilización de la vía aérea con dispositivos orofaríngeos

Tras haber explorado anteriormente las técnicas de apertura de la vía aérea, es fundamental avanzar en el manejo de herramientas que ayuden a mantenerla permeable, especialmente en situaciones en las que las técnicas manuales específicas no logren el objetivo por sí solas.

El principal dispositivo que se utiliza para este fin son las cánulas orofaríngeas (también llamadas cánulas de Guedel o tubos de mallo), que están diseñadas para ser insertadas en la boca del paciente. Con su forma curva, sirven para mantener la vía aérea aislada hasta la altura de la orofaringe, se adaptan a la anatomía. Generalmente están hechas de material plástico y son desechables.

Su tamaño se selecciona midiendo desde la comisura de los labios (parte ancha) hasta el lóbulo de la oreja (parte estrecha), en la posición final de colocación (es decir, hacia abajo). Hay varios tamaños para adaptarse a las diferentes edades y anatomías de cada paciente.

La manera de introducirla correctamente requiere seguir una serie de **pasos:**

- Abrir la vía aérea y comprobar previamente que no hay cuerpos extraños (si existe dentadura postiza y se puede extraer, es preferible hacerlo).
- Manteniendo la hiperextensión que se ha realizado para abrir la vía aérea, se introduce la cánula con la parte cóncava hacia el paladar.
- Se irá deslizando en contacto con el paladar duro de una forma suave pero firme, hasta alcanzar el paladar blando, el cual se localiza porque ejercerá menor resistencia que el anterior. Esto ayudará a realizar el giro de 180 grados necesario para que quede colocada en la posición anatómica necesaria.

Su diseño es tal que ayuda a sostener la lengua en posición anterior, lo que asegura una vía aérea despejada sin requerir una manipulación manual constante.

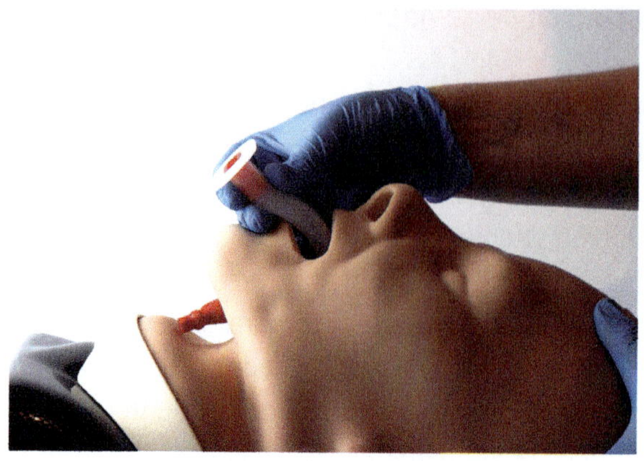

La cánula orofaríngea se introduce en la boca del paciente en posición invertida y después se rota en 180º en el interior.

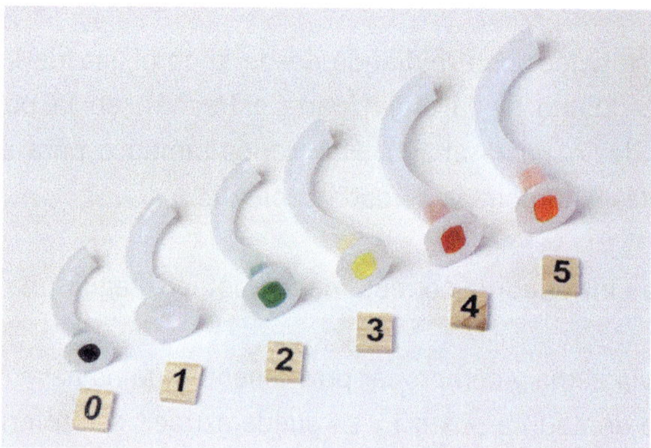

Diferentes tamaños de cánulas orofaríngeas, desde la edad pediátrica (0) hasta la edad adulta (5).

Es crucial recalcar que, en pacientes conscientes o semiconscientes, el uso de estas cánulas está contraindicado, debido a su rigidez y potencial para inducir traumatismo o respuesta nauseosa. También deben evitarse en caso de lesiones orales graves.

Importante

No son lo mismo aquellos materiales o maniobras que abren la vía aérea que aquellos que la mantienen abierta y permeable. Por eso se distinguen las aplicaciones manuales de las mecánicas.

2.4. Técnicas de limpieza y desobstrucción de la vía aérea

En situaciones de emergencia, la obstrucción de la vía aérea es uno de los problemas más críticos a los que deben enfrentarse los intervinientes. Esta obstrucción puede deberse a la presencia de cuerpos extraños, fluidos corporales como vómito o sangre, y, en algunos casos, al colapso de los tejidos blandos en individuos inconscientes.

Antes de aplicar cualquier intervención, es crucial identificar la presencia y el tipo de obstrucción. Los signos visibles de obstrucción incluyen sonidos respiratorios anormales como estridor o sibilancias, esfuerzo respiratorio denominado tiraje, cianosis (coloración azulada de la piel) y, en casos graves, la pérdida de la conciencia.

Existen determinados casos en los que la vía aérea ve comprometido su correcto funcionamiento debido a líquidos, como pueden ser vómitos o sangre, u otros de mayor densidad, como mucosidad excesiva, en pacientes con patología respiratoria o con problemas neurológicos que afecten a la correcta eliminación de estos mediante la expectoración.

En estos casos, sobre todo cuando el paciente se encuentra inconsciente y no puede expulsar esos líquidos por sí mismo, se tienen varias opciones, que a continuación se exponen.

Posición lateral de seguridad

Con esta posición, se consigue que, por efecto de la gravedad, los líquidos de la cavidad oral salgan, evitando así problemas como la broncoaspiración. Es válida tanto en personas inconscientes como en aquellas que están semiconscientes o tienen su grado de alerta bajo, por ejemplo, en intoxicaciones etílicas.

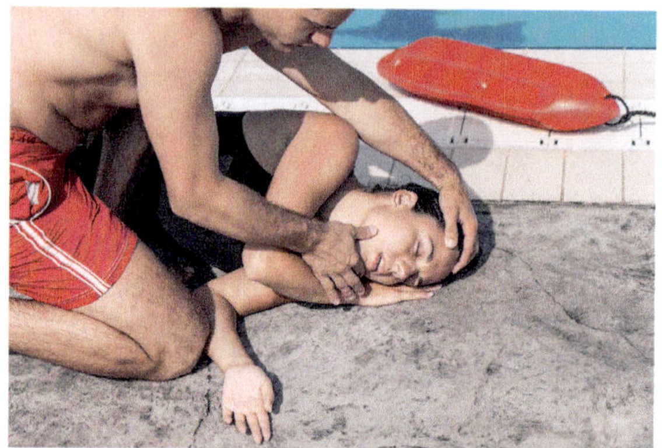

Persona accidentada en posición lateral de seguridad, para que pueda expulsar pasivamente el agua que se encuentre en su vía aérea.

Maniobra de barrido digital

Se realiza con el dedo índice posicionado en forma de gancho. De ese modo se realiza un "barrido" con él por la cavidad bucal. Es útil tan solo en aquellas ocasiones en que se tiene el objeto extraño accesible tan solo con abrir la vía. No es una maniobra muy aconsejada, ni la maniobra más adecuada, por el riesgo que conlleva, así que siempre hay que extremar las precauciones por el riesgo de mordida involuntaria del paciente o estimulación del reflejo vomitorio.

Existe un instrumento, denominado *pinzas Magill*, que es usado para extraer objetos extraños de la cavidad oral y partes superiores de la vía aérea. Su uso queda reservado al personal médico por la complejidad que conlleva y el riesgo de daño de las estructuras.

Obstrucción vía aérea por objeto extraño (OVACE)

La vía aérea también puede verse comprometida por objetos o elementos extraños que obstaculicen su luz, situación generalmente conocida como atragantamiento.

Dentro del OVACE, se pueden dar dos situaciones distintas:

- **Obstrucción parcial:** el paciente aún puede toser por sí mismo, por lo que se puede deducir que entra flujo de aire suficiente para permitir la expulsión natural a través de la propia tos. En estos casos, ya sea adulto o lactante, tan solo hay que animar al paciente a que siga tosiendo (en el lactante, se puede realizar tosiendo para que imite la conducta, o estimulando la planta de los pies, en búsqueda de reacción).
- **Obstrucción completa:** el objeto tapona por completo la vía aérea. Esto es un problema mucho más serio, pues puede acabar en parada respiratoria.

Obstrucción completa en el adulto

En este caso se trata de que la tos no es efectiva y, por lo tanto, el paciente no puede respirar, ya que la vía está totalmente taponada. Se puede dar que el paciente esté agitado, que se eche las manos al cuello en señal de asfixia y que pueda presentar tono azulado (cianótico), por la falta de oxígeno. Se han de llevar a cabo las maniobras de desobstrucción de la vía aérea:

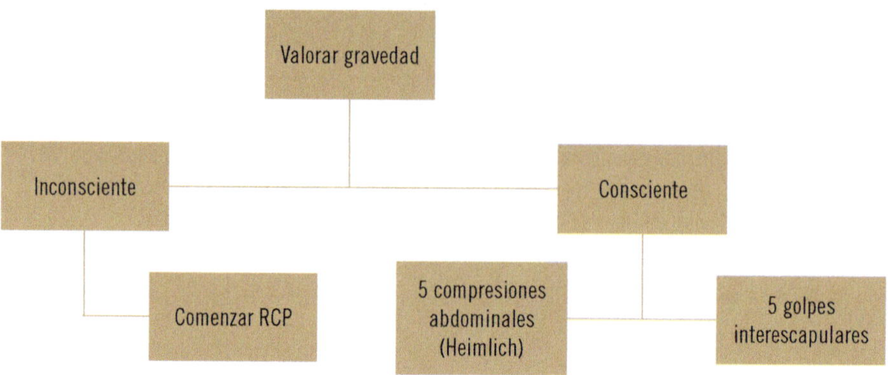

- **5 golpes interescapulares**

  Corresponden a la primera fase de la desobstrucción de la vía aérea en la obstrucción completa. Se han de seguir las siguientes indicaciones:

  1. Se tranquiliza al paciente y se le pide colaboración. Es necesario que deposite su confianza en el que quiere ayudarle.
  2. La persona se coloca por detrás, pasa una de sus manos por su pecho e inclina al paciente hacia adelante, para favorecer la salida del objeto por medio de la gravedad.
  3. Una vez colocado, con el canto de la otra mano dará 5 golpes interescapulares secos y firmes, en dirección hacia la cabeza (para seguir el trayecto descendente).

Primeros auxilios por asfixia

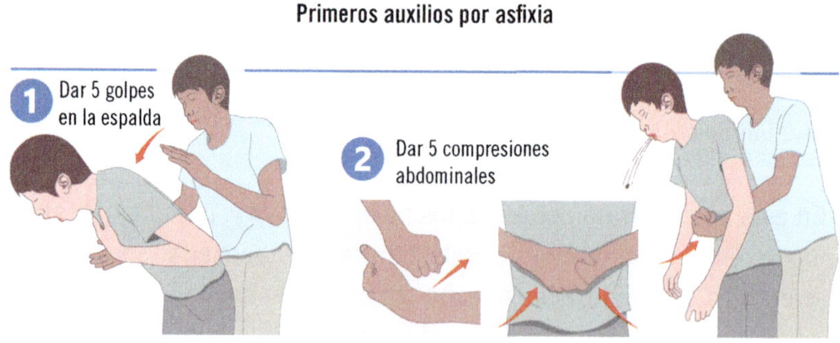

Ejemplo de la técnica

- **5 compresiones abdominales (maniobra de Heimlich)**

  Es la fase 2 de las maniobras de desobstrucción. Si con los golpes interescapulares no se ha conseguido que el paciente expulse el objeto, se han de realizar las 5 compresiones abdominales, conocidas más popularmente como maniobra de Heimlich, encaminadas a aumentar la presión intraabdominal, para provocar que el diafragma ascienda y el aire de los pulmones salga bruscamente, arrastrando el objeto:

Maniobra de Heimlich

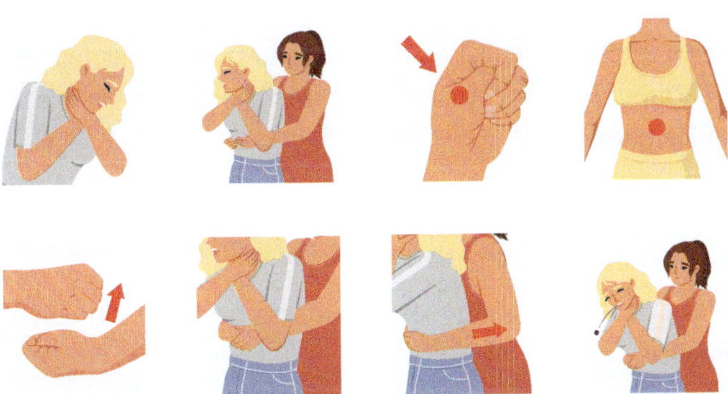

Pasos que seguir para realizar las compresiones abdominales

Los **pasos** que se deben seguir son los siguientes:

1. Se coloca al paciente en posición vertical, incorporando de la posición inclinada en la que estaba en la maniobra anterior. Hay que mantenerse detrás de él.
2. Hay que rodear su cintura con los brazos. La persona coloca su puño (con el pulgar hacia adentro para no dañar al paciente) entre el ombligo y el apéndice xifoides del esternón.
3. A su vez, cubre su puño con su otra mano, para realizar fuerza compresión. La compresión debe ser un golpe seco y firme, en dirección hacia dentro y hacia arriba.

Importante

Estas maniobras se irán alternando consecutivamente hasta que el paciente consiga expulsar el objeto o caiga inconsciente y se tenga que iniciar la RCP.

En mujeres embarazadas o personas con un gran perímetro abdominal, las compresiones abdominales se realizarán en el punto de compresión de la reanimación cardiopulmonar. El resto del protocolo se realiza exactamente igual al resto de los pacientes.

Obstrucción completa en el lactante

En el caso de los lactantes, las maniobras de desobstrucción difieren significativamente.

Se recomienda dar **cinco golpes interescapulares seguidos de cinco compresiones torácicas** con el bebé en una posición que permita que la gravedad asista en la expulsión del objeto. El bebé debe estar con su cabeza más baja que el cuerpo y sostenido de manera segura en el brazo del rescatador, que, a su vez, debe estar apoyado en su pierna para mayor seguridad y estabilidad.

Importante

En el lactante, el punto de compresión de la maniobra de Heimlich se sustituye por el punto de compresión torácico y no abdominal.

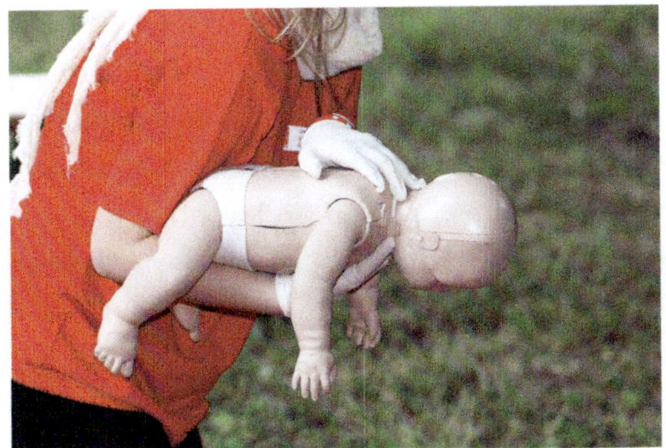

Realización de la maniobra de desobstrucción en el lactante

Las maniobras se realizarán, al igual que en el adulto, alternativamente hasta que el objeto salga.

Nota

En paciente traqueostomizado, también se puede dar una obstrucción de la vía aérea por colapso de la cánula de la propia ostomía. Se soluciona con la aspiración que se verá en el siguiente subapartado.

2.5. Uso de aspiradores

Como continuación de las técnicas de limpieza y desobstrucción de la vía aérea, el uso de aspiradores médicos representa un método vital para la eliminación de secreciones, sangre o vómito que puedan obstruir el paso de aire al sistema respiratorio.

Los aspiradores permiten la remoción efectiva de fluidos y cuerpos extraños que puedan estar bloqueando la vía aérea. Existen diversos tipos: manuales, eléctricos portátiles y no portátiles (los más habituales en las ambulancias), conectados a un sistema de aspiración central (como en los hospitales), etc.

Van además equipados con diferentes tipos de sondas, ya que varían según la cavidad anatómica que se necesite aspirar. Por norma general, cuando la aspiración es por vía bucal, se utilizan sondas de aspiración tipo Yankauer, que son más rígidas; cuando la aspiración de hace por vía nasal, las sondas son más finas y flexibles. Aun así, no son excluyentes, todo depende de la situación clínica y el criterio del profesional que las esté utilizando. Es importante recalcar que estas sondas son estériles y de un solo uso.

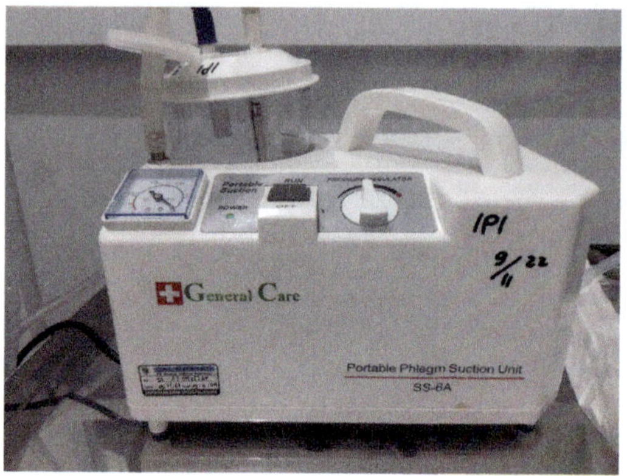

Aspirador de secreciones eléctrico (© Ocha shanum / Shutterstock.com)

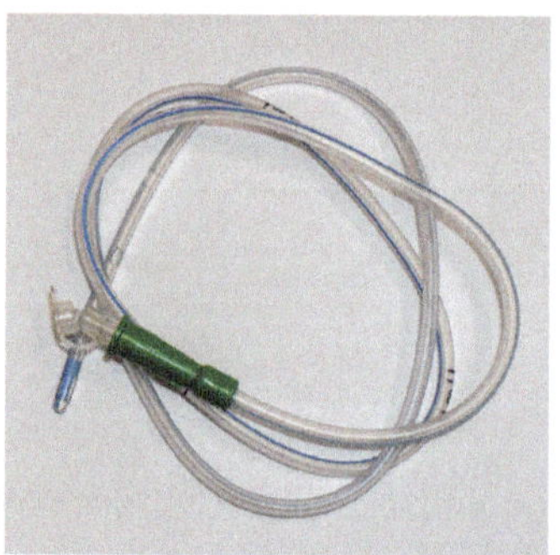

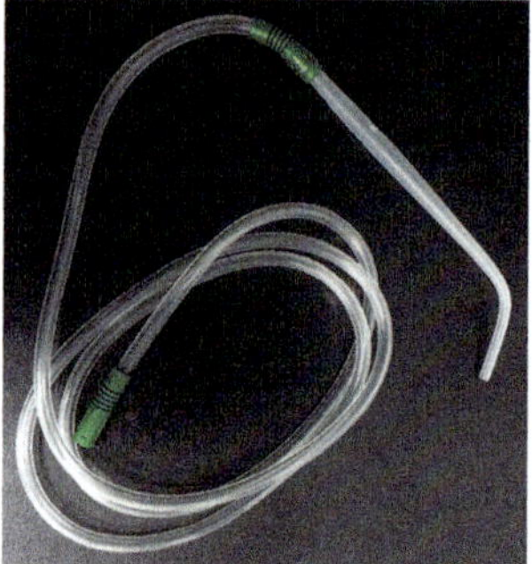

Diferentes tipos de sonda de aspiración: rígida y flexible

Para poder utilizar el aspirador de secreciones de manera segura y eficiente, deben seguirse los siguientes **pasos:**

1. Siempre hay que ponerse guantes antes de comenzar el procedimiento.
2. Se preparará el aspirador acoplándole la sonda que se vaya a usar. Hay que comprobar que el nivel de aspiración sea el adecuado para el paciente que se va a tratar, ya que no se aplica en todas las edades el mismo nivel de vacío en la aspiración.
3. Si es por vía nasal, esta sonda llevará lubricante (competencia correspondiente al personal de enfermería o medicina). Si es por vía oral, no lo precisa. Tampoco por el estoma de la traqueostomía, ya que se aspira dentro de la cánula que porta dentro el paciente.
4. Antes de empezar a aspirar, se comprueba con un poco de suero salino que el sistema funciona correctamente. Se conserva el suero, ya que posteriormente ayudará a qu limpiar la sonda entre periodos de aspiración.
5. Se introduce la sonda en la cavidad que precise la aspiración, dejando abierto el orificio obturador que actúa como regulador. Es muy importante recordar que se ha de introducir la sonda sin aspirar, de lo contrario esta se pegará en la boca, lengua, etc. y no progresará hasta el lugar de aspiración. Se tendrá mucho cuidado de no provocar reflejos vomitorios que compliquen el cuadro, haciendo las pausas que sean necesarias (aproximadamente cada aspiración debe durar 10 s), para no incomodar al paciente, sobre todo cuando este está consciente o seminconsciente, y para no provocar periodos de hipoxia, ya que mientras dura la técnica el paciente no puede inhalar ni exhalar.

Recuerde

Después de cada uso, es obligatorio limpiar y desinfectar el equipo minuciosamente. Un mantenimiento inadecuado podría provocar infecciones nosocomiales.

2.6. Técnica de ventilación con el balón resucitador

La ventilación con balón resucitador es una técnica crucial en el soporte vital básico. Está diseñada para proporcionar ventilación manual a una persona que no respira o presenta una respiración inadecuada. Usarla correctamente puede ser decisivo para salvar una vida en situaciones críticas.

Balón resucitador dividido en sus diferentes componentes

Un balón resucitador, también conocido como Ambu® *(Automatic Manual Breathing Unit)*, está compuesto por:

- El balón en sí mismo
- Una válvula unidireccional con filtro
- Una mascarilla facial
- Un reservorio
- Una tubuladura / alargadera para conectar el oxígeno

Existen, además, diferentes tamaños, dependiendo de la edad del paciente, ya que el volumen pulmonar necesario es distinto en cada caso (las variaciones dentro de un mismo rango de edad dependen de la marca que fabrique el dispositivo):

- Adulto: entre 1.600 - 2.000 ml
- Niño: aproximadamente 500 ml
- Lactante: aproximadamente 250 ml

Las características que se han de tener en cuenta al usar el balón, ya que pueden dificultar el trabajo, se resumen con la regla mnemotécnica MOANS:

- **M - sellado de la mascarilla:** una barba prominente, los *piercings* o un traumatismo facial van a interferir con el buen sellado de la mascarilla.
- **O - obesidad/obstrucción:** ya que va acompañado con un aumento de tejido blando en la vía aérea.
- **A - edad *(age)*:** es más difícil adaptar los dispositivos debido a cambios anatómicos.
- **N - sin dientes:** ventilar con el balón resucitador en un paciente sin dientes suele ser ineficaz. Hay dispositivos que ayudan a mejorar este inconveniente.
- **S - ronquidos:** las respiraciones ruidosas pueden indicar que el tejido blando, en general la lengua, esté ocluyendo las vías aéreas y que se requiere reposicionamiento (por ejemplo, inclinación de la cabeza, elevación del mentón, compresión de la mandíbula).

El proceso para ventilar a un paciente con este dispositivo es el siguiente:

1. Lo primero de todo, tener preparado el material. Hay que llevar guantes, tener un balón limpio y en buen estado, una mascarilla facial correctamente inflada, una jeringuilla de 20 cc para este cometido, una alargadera/tubuladura para conectar al oxígeno y un reservorio por si la situación requiere administrar el 100 % de oxígeno al paciente. Sería también correcto tener el equipo de aspiración de secreciones, por si hay errores en la ventilación, así como cánulas de Guedel que se puedan usar con un paciente inconsciente.
2. Hay que colocarse detrás de la cabeza del paciente, con este situado en decúbito supino.
3. Se realiza la hiperextensión cervical para tener la vía aérea abierta correctamente (si no, el aire insuflado puede acabar en el estómago empeorando la situación y provocar el arrastre del contenido gástrico).
4. Se sitúa el balón como se describe en la siguiente fotografía:

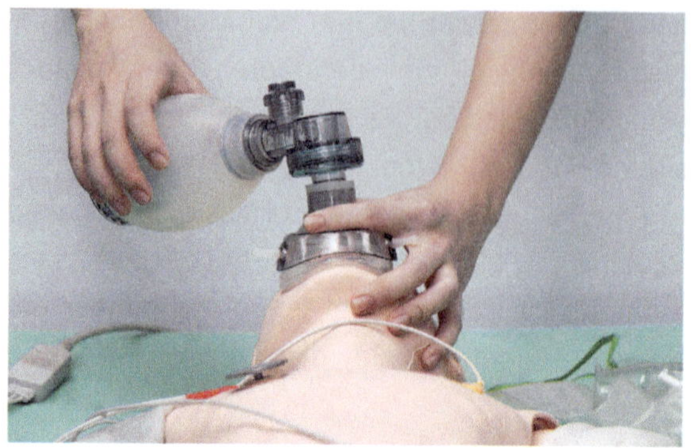

Se utiliza un sello en C (por la posición de la mano) para que la fijación de la mascarilla sea máxima. Esta fijación en C se realiza aplicando presión con el 1°, 2° dedo de la mano en la parte superior de la mascarilla, y 3°, 4° y 5° en la parte inferior de la mandíbula por el reborde óseo, lo que ayuda a la hiperextensión:

1. Una vez conseguido el sellado de la mascarilla, se comprime el balón de forma progresiva y suave apretando la mano. Después se abre despacio para evitar una descompresión brusca. De esta forma se permite la salida del aire se los pulmones.
2. Hay que vigilar la eficacia de la ventilación observando los movimientos del pecho del paciente.

Si el paciente está intubado o tiene una traqueostomía, la ventilación con el balón de resucitación es más sencilla: simplemente se debe conectar el balón al tubo traqueal o a la cánula de traqueostomía.

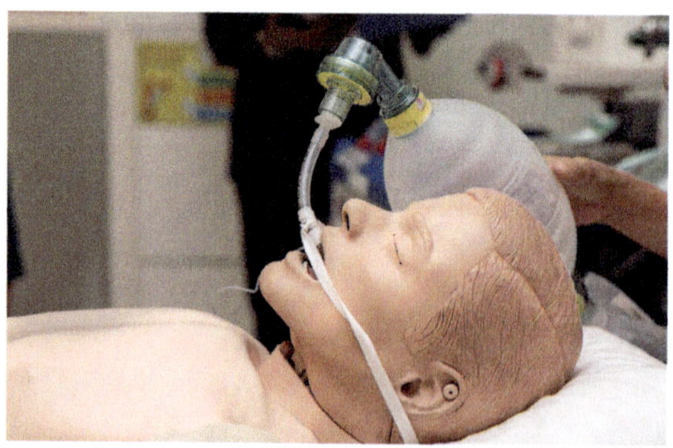

Recuerde

Hay que recordar que, antes de comenzar a aplicar las técnicas, se ha de comprobar que no hay ningún objeto que pueda obstruir la luz o que obstaculice el trabajo (como, por ejemplo, las dentaduras postizas). No hay que perder de vista la evaluación primaria de la vía aérea antes de intervenir.

2.7. Indicaciones para la administración de oxígeno medicinal

En medicina, el oxígeno juega un papel crucial, no solo como componente fundamental del proceso de respiración celular, sino también como tratamiento terapéutico en diversas condiciones médicas. Este gas incoloro, inodoro e insípido es vital para la conversión de los nutrientes en energía en las células.

Por lo tanto, se puede definir la oxigenoterapia como el uso terapéutico de oxígeno (O_2) en concentraciones mayores a la del aire ambiental (21 %), para prevenir y tratar la hipoxia, y asegurar las necesidades metabólicas del organismo.

El O_2 es un medicamento y, como tal, debe ser administrado con indicación y en la dosis correcta, para evitar complicaciones. Por lo tanto, la decisión de administrar oxígeno debe basarse en una exhaustiva evaluación clínica del paciente.

Algunas indicaciones comunes:

a. **Hipoxemia:** es la indicación más directa, caracterizada por niveles bajos de oxígeno en sangre. Se identifica usualmente a través del uso de un pulsioxímetro, aparato que mide la saturación de oxígeno, la cual debe mantenerse normalmente por encima del 96 %. Cuando la saturación se encuentra por debajo de 91 %, el paciente requiere, generalmente, que se le aplique oxigenoterapia.
b. **Insuficiencia respiratoria aguda:** hay que recordar que son aquellos casos en que los pulmones son incapaces de intercambiar gases adecuadamente: asma, EPOC, fibrosis pulmonar, covid-19, etc.

c. **Condiciones cardiocirculatorias agudas:** como en el infarto agudo de miocardio, durante el cual la administración de oxígeno puede mejorar la oxigenación del corazón, o el ictus isquémico.
d. **Paro cardiorrespiratorio:** durante una parada, la perfusión sanguínea y el oxígeno se ven drásticamente reducidos. Es esencial entregar oxígeno al mayor porcentaje posible para mantener la sangre circulante mediante el masaje lo suficientemente oxigenada, evitando así la isquemia o necrosis de los tejidos.
e. **Intoxicación por monóxido de carbono:** la afinidad de este gas por la hemoglobina es muchísimo mayor que la del oxígeno. Se forma así carboxihemoglobina.
f. ***Shock:*** en todas sus variantes (hipovolémico, cardiogénico, anafiláctico, séptico), el oxígeno juega un papel crucial para mejorar la entrega a los tejidos comprometidos.
g. **Traumatismos:** especialmente aquellos que comprometen la respiración, como lesiones torácicas o traumatismos craneales que provoquen malfunción neurológica que afecte al sistema respiratorio.

A pesar de los beneficios, la administración de oxígeno también tiene **riesgos:**

- **Hipercapnia:** ocurre en algunos enfermos que ya son retenedores crónicos de CO_2 (como por ejemplo en el EPOC), cuando se administra oxígeno a altas dosis, ya que se reduce la estimulación que ejerce el O_2 sobre el centro respiratorio del cerebro. Esto lo que provoca es que aumente la concentración de CO_2 de manera peligrosa para nuestro paciente.
- **Toxicidad por oxígeno:** una exposición prolongada a altos niveles de oxígeno puede causar daño pulmonar debido a la formación de radicales libres.

Importante

Para evitar estos problemas, se debe monitorear siempre el nivel de oxígeno del paciente y guiarse por las órdenes que dé el personal médico o de enfermería.

2.8. Dispositivos de administración de oxígeno medicinal

Tras identificar las indicaciones en que hay que usar oxígeno, es esencial seleccionar el dispositivo adecuado para suministrarlo de manera eficiente. Hay dispositivos que ofrecen características y beneficios específicos, además de tener ciertas limitaciones. A continuación se describen los más utilizados.

Sistemas de bajo flujo

El O_2 administrado se mezcla con el aire inspirado (del propio medio ambiente del paciente). Como resultado se obtiene una FiO_2 variable, que depende del dispositivo utilizado y del volumen de aire inspirado. Es el sistema de elección si el patrón respiratorio es estable. No se aconsejan si la necesidad de oxigeno es superior a 6 L/min.

Dentro de los **sistemas de bajo flujo** se encuentran:

- **Cánulas o gafas nasales:** son uno de los dispositivos más comunes, debido a su fácil uso y comodidad para el paciente. Consisten en un tubo delgado que se coloca en las fosas nasales, lo que permite el suministro de oxígeno a bajo flujo, generalmente de 1 a 4 L/min. Este dispositivo es ideal para pacientes que requieran asistencia mínima y puedan respirar por sí mismos.

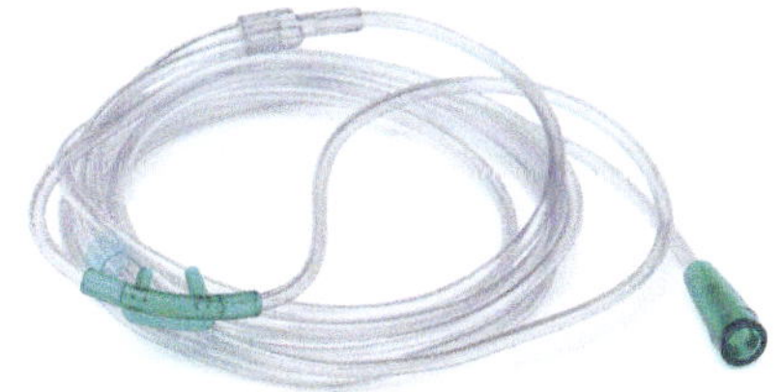

- **Máscara facial simple:** son dispositivos básicos de administración que cubren la nariz y la boca del paciente. Permiten el suministro de un flujo más alto de oxígeno que las cánulas nasales, habitualmente entre 5 y 10 L/min. Aunque son eficaces para necesidades de oxígeno intermedias, pueden causar incomodidad tras su uso prolongado y deben ser ajustadas correctamente para evitar fugas de oxígeno.

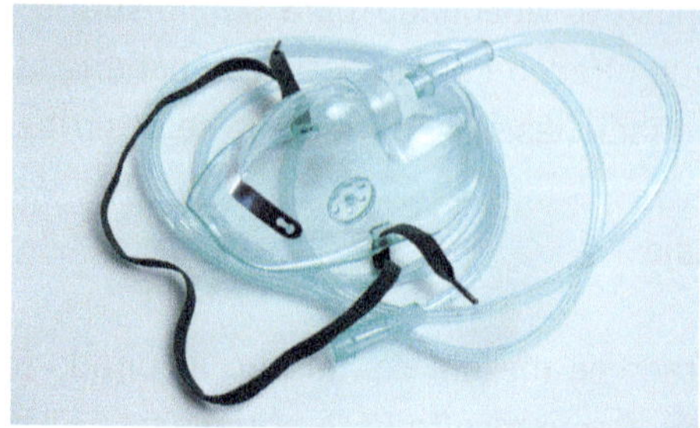

- **Mascarillas con reservorio:** estas mascarillas cuentan con un saco o reservorio que almacena oxígeno, lo cual aumenta su concentración. La válvula de un solo sentido en el tubo de admisión asegura que el paciente respira principalmente oxígeno del reservorio. Pueden proporcionar concentraciones de oxígeno de hasta el 90 % y pueden funcionar con flujos bajos. El flujo estará en torno a las 6-10 l.

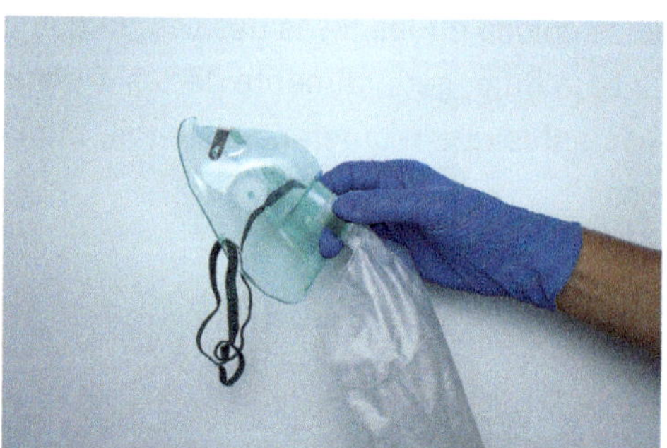

Sistemas de alto flujo

Los sistemas de alto flujo hacen referencia a dispositivos que son capaces de suministrar oxígeno a un flujo que iguala o supera la demanda inspiratoria del paciente, la cual suele estar entre 40 y 60 L/min en adultos. También se caracterizan porque garantizan una FiO_2 constante, independientemente de los patrones de respiración del paciente.

- **Mascarilla de Venturi:** este dispositivo utiliza la presión del flujo de oxígeno para aspirar aire del entorno. Mezcla y proporciona una concentración final precisa, que varía del 24 al 50 %.
  Aunque la mascarilla de Venturi tiene un flujo de entrada limitado (hasta 15 L/min), el flujo total que recibe el paciente es mayor, porque la mascarilla mezcla el oxígeno con aire ambiente a través de los orificios de entrada. Al mezclar el oxígeno de alto flujo (por ejemplo, 15 L/min) con el aire ambiente, el dispositivo consigue proporcionar una FiO_2 constante y precisa. Esta constancia en la FiO_2 es lo que clasifica al sistema Venturi como un sistema de alto flujo, no necesariamente el volumen de flujo en litros por minuto.
  Son altamente efectivas en el manejo de pacientes con problemas pulmonares crónicos como el EPOC.

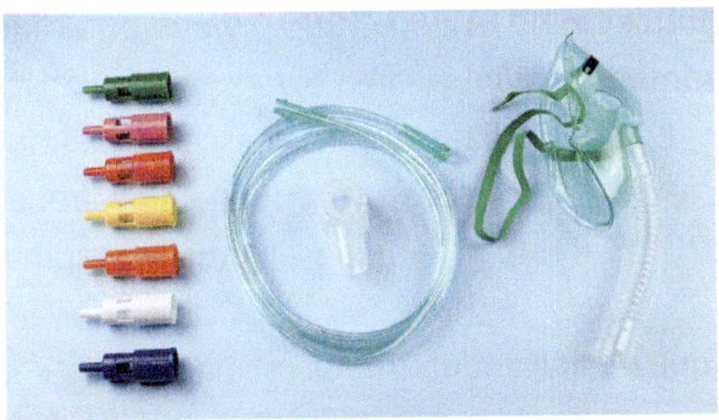

- **CPAP (presión positiva continua en la vía aérea) y el BiPAP (presión positiva en la vía aérea de dos niveles:** proveen una cantidad elevada de oxígeno con presión, asegurando que el aire enriquecido se mantiene en las vías respiratorias del paciente. Son fundamentales en el tratamiento de fallos respiratorios agudos o crónicos.

2.9. Cálculo de las necesidades de oxígeno durante el traslado

Calcular correctamente las necesidades de oxígeno del paciente durante el traslado es vital para evitar problemas, como quedarse sin oxígeno en medio de un traslado (más relevante aún en trayectos largos o pacientes inestables), y poder garantizar un suministro adecuado, ya que esto mejora el pronóstico del paciente, al garantizar que los tejidos corporales reciban el oxígeno necesario para realizar sus funciones metabólicas.

Para poder calcular correctamente el oxígeno que se necesita, se ha de comenzar por valorar los siguientes factores que intervienen en la situación:

- **Estado del paciente:** es fundamental determinar la condición respiratoria mediante la medición de signos vitales, como la frecuencia respiratoria, la saturación de oxígeno (SpO_2) y cualquier indicador de hipoxia.
- **Modo de administración:** existen diversos dispositivos de administración de oxígeno, como cánulas nasales, mascarillas simples, mascarillas con reservorio, etc. Cada dispositivo entrega una fracción de oxígeno inspirado (FiO_2) diferente y requiere un flujo específico que influye en el cálculo.
- **Duración del traslado:** determinar el tiempo estimado del traslado es esencial, ya que afectará directamente a la cantidad total de oxígeno requerida. Esta duración debe considerar posibles retrasos, tráfico y otros factores que puedan extender el tiempo del viaje.
- **Condiciones del transporte:** dependiendo el tipo de soporte utilizado para el traslado, se dispondrá de diferentes cantidades totales de oxígeno.

Para calcular el tiempo que va a durar el oxígeno de una bala, es necesario tener en cuenta la Ley de Henry:

Un gas, en un circuito cerrado, va a tender a ocupar todo el volumen de este, independientemente de la presión a la que está contenido en ella.

Al introducir oxígeno en una bala vacía que tiene un volumen en su interior de 5 L, este ocupará todo el volumen, 5 L. Si se sigue llenando, el volumen va a permanecer invariable a 5 L y aumentará la presión a la que se está conteniendo, hasta llegar, por ejemplo, a 200 bares (botella estándar).

Una vez entendido esto, se pueden aplicar los siguientes **pasos:**

- Conocer primero el volumen total que contiene la bala a 1 bar de presión:

O2 a presión ambiental = volumen (litros) x presión (bares)

- Una vez conocido el volumen que contiene la bala a presión ambiental, queda calcular si ese volumen va a ser suficiente para la duración del tratamiento.

Ejemplo

Ejemplo

- **Volumen de la bala**: 5 litros.
- **Presión de la bala**: 200 bares.
- **Necesidades del paciente**: O2 por mascarilla de Venturi/Ventimask a 10 litros por minuto en un traslado de 30 minutos de duración.

O2 a presión ambiental = 5 litros x 200 bares = 1000 litros.
Necesidades de O2 del paciente = 10 litros por minuto durante 30 minutos = 300 litros.

Solución: la bala contiene 1000 litros a presión ambiental y el paciente necesitará 300 litros; por tanto, tendremos oxígeno suficiente para el traslado del paciente.

Aplicación práctica

Manuel está de prácticas como técnico en transporte sanitario. Se enfrenta a su primer caso, un paciente masculino de 68 años con antecedentes de EPOC que presenta insuficiencia respiratoria. Observa que está ansioso, con dificultad respiratoria marcada y una saturación de oxígeno del 86 %.

Tras comunicar la situación, el médico coordinador le indica:

- **Que le coloque una mascarilla que permita administrarle oxígeno a alto flujo.**
- **Que calcule el tiempo disponible de oxígeno utilizando una botella a 200 bares con un flujo de 10 L/min, teniendo en cuenta que, por norma general, cada botella tiene 10 L de capacidad.**

¿Podrán llegar a un hospital situado a 30 min de distancia con el flujo de oxígeno?

SOLUCIÓN

Siguiendo las indicaciones del médico, se debe optar por una mascarilla Ventimask, adecuada para administrar oxígeno a alto flujo.

Pasos:

- Conecte la mascarilla a la salida del regulador de la botella de oxígeno.
- Coloque la mascarilla en el paciente y ajústesela para evitar fugas.
- Abra el oxígeno y escoja 10 L como la cantidad óptima.

Para calcular el oxígeno disponible y ver si da tiempo suficiente de llegar al hospital, primero debe recopilar los datos:

- Presión de la botella: 200 bares
- Capacidad de la botella: 10 L
- Flujo prescrito: 10 L/min

Después, se sustituye en la siguiente fórmula:

Tiempo disponible (min) = (Presión (bares) x Capacidad (L)) / Flujo (L/min)

Continúa en página siguiente >>

<< Viene de página anterior

Sustituya los valores:

Tiempo disponible (min) = (200 x 10) / 10 = 200 minutos

En total, se tienen 200 min de oxígeno a este flujo. Por lo tanto, la respuesta es SÍ, es posible llegar al hospital con ese flujo de oxígeno.

---

3. Técnicas de soporte circulatorio en adultos y en edad pediátrica

El soporte circulatorio es un componente esencial del soporte vital básico que busca mantener una perfusión tisular adecuada y preservar la función de los órganos vitales. La forma en que se administran estas técnicas varía significativamente entre adultos y pacientes pediátricos, debido a diferencias anatómicas, fisiológicas y patológicas. El éxito del soporte circulatorio depende de la comprensión de estas diferencias, así como de la aplicación eficiente de las técnicas específicas.

3.1. Indicaciones del soporte circulatorio

Las indicaciones para iniciar el soporte circulatorio son claras y están altamente estandarizadas para garantizar la eficacia y la seguridad durante el proceso de reanimación. Algunas de ellas son:

- **Parada cardiaca:** es el cese súbito e inesperado de la función del corazón, lo que provoca la interrupción del flujo sanguíneo a los órganos vitales, particularmente al cerebro y los pulmones. Esto resulta en la pérdida inmediata de la conciencia y la ausencia de respiración. Es muy importante actuar con rapidez, ya que, a medida pasa el tiempo, disminuyen significativamente las posibilidades de supervivencia y recuperación sin secuelas. Puede ocurrir que se produzcan movimientos convulsivos breves al inicio de la parada cardiaca. Se debe evaluar a la víctima una vez los movimientos convulsivos hayan cedido, para no caer en el error de malinterpretar lo que está sucediendo.

- **Ausencia de respiración o respiración anormal:** el paciente puede no presentar actividad respiratoria, o presentar una respiración agónica, conocida como *gasping*. Esta respiración se considera no efectiva y, por lo tanto, indica el inicio de las maniobras de resucitación de manera inmediata.
- **Detección de arritmias potencialmente mortales:** las arritmias letales como la fibrilación ventricular o la taquicardia ventricular sin pulso son claras indicaciones para iniciar el soporte circulatorio. La presencia de estos ritmos sugiere que el corazón está presente en un estado eléctrico caótico y que está impidiendo que se produzca una circulación adecuada.
- **Distintos tipos de *shock*:** estas situaciones, como la hipovolemia, la hipotensión severa o las consecuencias de patologías infecciosas severas que afectan al corazón y no responden a los tratamientos iniciales, podrían recurrir soporte circulatorio. Esto es especialmente importante si la presión arterial sistólica cae por debajo de 70 mmHg, lo que compromete la perfusión de órganos críticos.
- **Otros casos:** ciertos casos como las situaciones de trauma severo, el ahogamiento, la sobredosis por tóxicos o hipotermia, pueden incurrir en modificaciones en el soporte circulatorio estándar. Aquí las guías internacionales actuales enfatizan la necesidad de considerar el tipo de trauma o condición específica para ajustar las técnicas de reanimación.

3.2. Técnicas del masaje cardiaco externo

El masaje cardíaco externo es una técnica manual que forma parte de la reanimación cardiopulmonar (RCP), utilizada para mantener la circulación sanguínea en pacientes que han sufrido una parada cardiorrespiratoria (PCR). Consiste en aplicar compresiones torácicas rítmicas sobre el esternón, con el fin de generar un flujo sanguíneo artificial que garantice la perfusión de órganos vitales, es decir, sirve para **sustituir** la actividad normal del sistema cardiocirculatorio, con el fin de **reestablecer** la circulación.

Masaje cardiaco externo en el adulto

Una vez que se ha comprobado que nuestro paciente está inconsciente y no respira, llega el momento de iniciar las maniobras de reanimación, entre ellas el masaje cardiaco. Para ello, se siguen los siguientes **pasos:**

- Se debe colocar al paciente en posición decúbito supino sobre una superficie estable y rígida. Hay que ponerse de rodillas, al lado del paciente, a la altura de su tórax. Se le retira la ropa para poder realizar correctamente la maniobra.

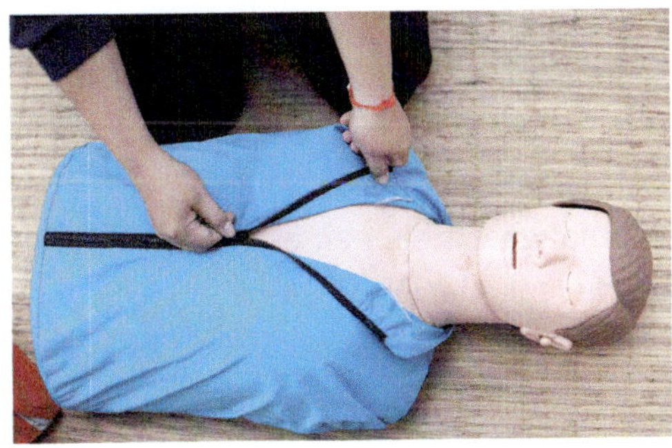

- Se coloca el talón de una mano en el centro del tórax del paciente, situado en el medio de la línea intermamilar (línea imaginaria que se traza de pezón a pezón). Sobre esta mano se pone la otra mano y se entrelazan los dedos. Hay que asegurarse de que los brazos del que hace la maniobra estén rectos (sin doblar los codos), manteniendo una posición perpendicular al pecho del paciente. No se trata de hacer fuerza contra el pecho, sino de utilizar el propio peso para realizar el masaje.

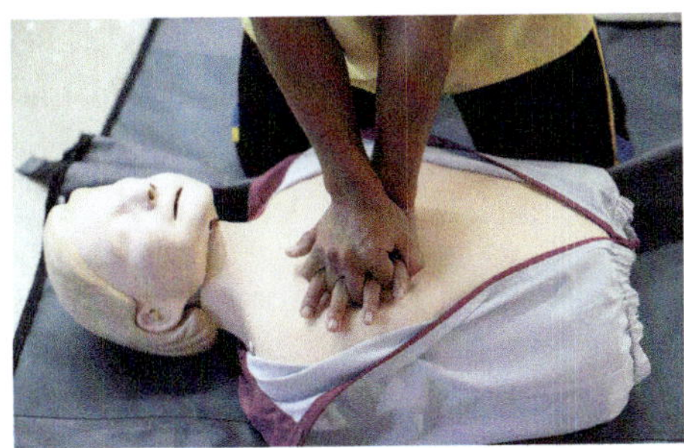

- Se debe comprimir hasta una profundidad de al menos 5 cm, pero no más de 6 cm, a un ritmo de 100-120 min. Así mismo, hay que dejar que el tórax se reexpanda completamente después de cada compresión, para que el corazón se pueda llenar de sangre nuevamente, sin levantar las manos del punto de compresión.
- El ratio de compresiones-ventilaciones que está pautado en una buena reanimación, según los protocolos actuales, es de 30 compresiones y 2 insuflaciones. Si no se realizan las ventilaciones, se comprime el tórax ininterrumpidamente. Es primordial que haya la menos cantidad de interrupciones posible en el masaje.
- Solo se cesará el masaje cardiaco en los siguientes casos:
    - El paciente recupera el pulso y la respiración.
    - Las lesiones que presenta son incompatibles con la vida (hemorragias masivas, evisceraciones, etc.).
    - Surge una fatiga extrema en el interviniente, por tiempos muy prolongados de reanimación.
    - Hay una orden médica.
    - En el testamento vital se refleja la voluntad del paciente de no ser reanimado (no serán válidos documentos no registrados ante una gerencia o una notaría, tatuajes de no reanimación, etc.).
- Dado que realizar compresiones efectivas pueden ser física y mentalmente agotador, es recomendable intercambiar con otro reanimador cada dos minutos si hay alguien más capacitado disponible. El cambio debe hacerse rápidamente y con el mínimo de interrupción para mantener la eficacia de las maniobras.

Como personal asistencial, se procurará que, siempre que se aplique el masaje cardiaco dentro de la reanimación cardiopulmonar, se haga de manera instrumentalizada, ya que se contará en el medio de trabajo con los medios necesarios, como son:

Cánulas orofaríngeas	Balón de resucitación o Ambu con oxígeno y reservorio	DESA

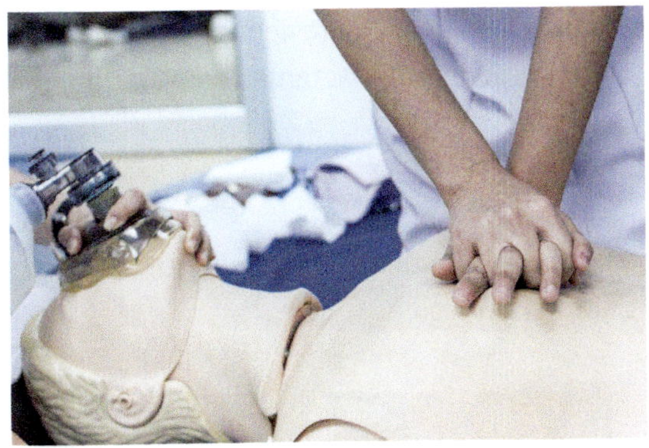

RCP instrumentalizada

Importante

Esto se hará tanto en el paciente adulto como en niños y lactantes.

Masaje cardiaco externo en el niño y en el lactante

En el niño, como en el lactante (menor de 1 año), el protocolo de actuación sufre pequeñas variaciones. Eso sí, los pasos esenciales que se reflejan en el protocolo del adulto son los mismos.

- Variaciones principales:
  - Se realizan, antes de empezar la RCP, 5 insuflaciones de rescate, debido a que, por estadística, las paradas que se producen en este rango de edades son de motivo respiratorio por asfixia.
  - El ratio pasa a ser 15:2, 15 compresiones y 2 insuflaciones.
  - Si solo hay un reanimador, con un teléfono móvil primero se deben dar las 5 ventilaciones de rescate y activar después al 112. Si no hay un teléfono disponible, hay que realizar un minuto de RCP antes de activar el sistema de emergencias.

- La frecuencia de las compresiones deberá ser también de entre 100-120/min, tanto para lactantes como para niños.

En el niño

El masaje cardiaco se realiza únicamente con un brazo, debido al menor tamaño del tórax.

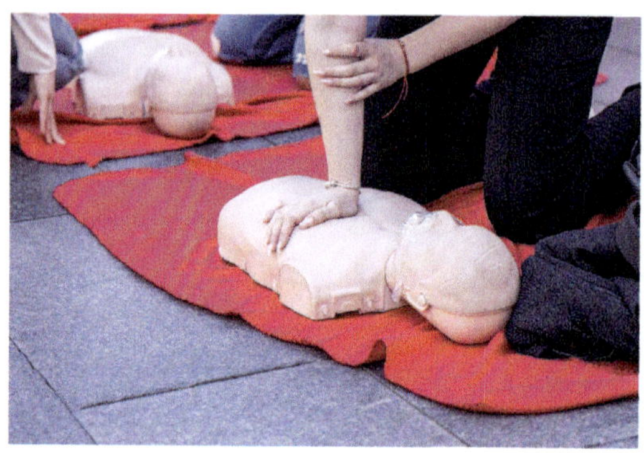

En el lactante

No es necesario realizar la hiperextensión cervical para abrir la vía aérea, ya que, por la falta de maduración debido a la edad, esta curva la conservan de forma natural.

Las ventilaciones se realizan boca a boca-nariz del lactante.

Las compresiones se realizan o con 2 dedos (2° y 3° dedo de la mano) o con ambos pulgares.

Se comprime al menos un tercio del diámetro anteroposterior del tórax, sin llegar a la profundidad exigida previamente, debido al menor tamaño e inmadurez de las estructuras torácicas del lactante.

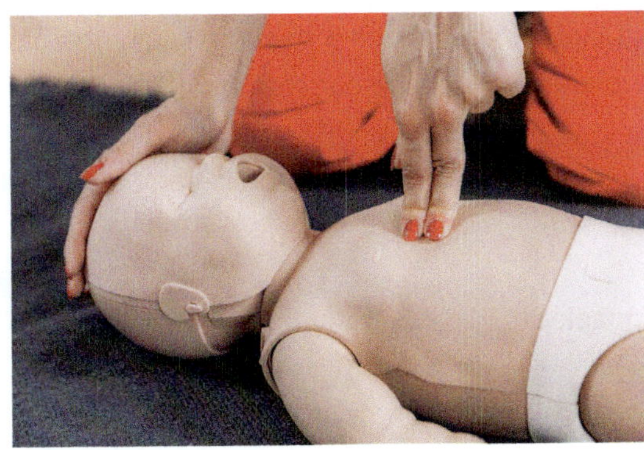

Compresiones con 2º y 3º dedo de la mano

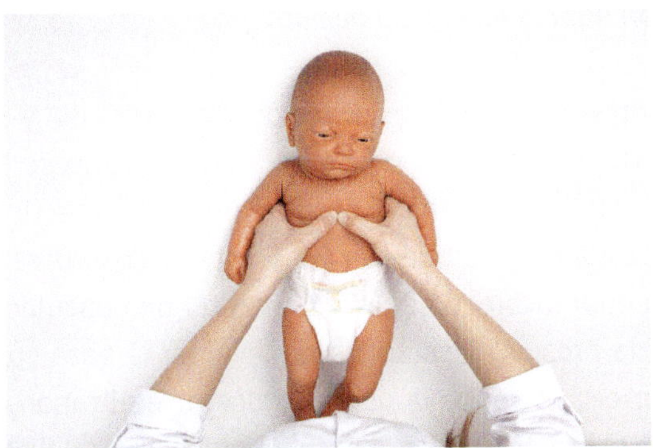

Compresiones con ambos pulgares

3.3. Técnicas de hemostasia

La hemostasia es el conjunto de procesos y técnicas que el cuerpo utiliza, o que los profesionales de la salud aplican, para detener una hemorragia (salida de sangre de los vasos sanguíneos). Puede ser:

- **Fisiológica:** nuestros propios mecanismos naturales para detener una hemorragia. Son fundamentalmente tres:
  - Vasoconstricción: al contraerse los vasos, el volumen circulante de sangre es menor, lo que disminuye por lo tanto el volumen de sangrado.
  - Tapón plaquetario: las plaquetas se adhieren a la capa arterial/venosa dañada, formando un tapón denominado "agregado plaquetario".

- Coagulación: si el sistema de coagulación está sano, las plaquetas funcionarán de manera correcta formando el tapón.

- **Manual o instrumental:** por medio de la compresión directa, los vendajes compresivos, etc.

Protocolo de actuación

Para detener una hemorragia de manera manual y/o instrumental, hay varias opciones. Se exponen a continuación.

Compresión directa en el foco hemorrágico

La compresión directa es el método más sencillo y eficaz para detener una hemorragia. Se aplica presión directamente sobre la herida utilizando una gasa o cualquier material absorbente disponible (lo más limpio o estéril posible). La idea es que sea suficiente presión para detener el flujo de sangre, lo cual favorece el proceso natural de coagulación. Es importante mantener la presión constante y no levantar la gasa constantemente para comprobar el sangrado, ya que esto destruye el tapón que el cuerpo está generando para pararla. En el caso de que el material estuviera totalmente empapado de sangre, se pondría más encima, sin retirar el que ya está por el mismo motivo.

Se puede añadir en este paso la realización de un vendaje compresivo, para no tener que estar ejerciendo tanta fuerza, aunque no se recomienda como sustituto de la compresión directa.

Importante

La elevación del miembro y la compresión arterial se han dejado de recomendar como técnicas de hemostasia, debido a la poca eficacia que han demostrado con las estadísticas recogidas para detener las hemorragias.

Torniquete

Los torniquetes son herramientas que se colocan en las extremidades lesionadas con la finalidad de controlar o detener la hemorragia en una situación de emergencia, mediante la aplicación de presión concéntrica que estrecha y/o cierra los vasos sangrantes. Son de gran eficacia para controlar el sangrado de manera inmediata, hasta que se pueda llegar a un centro hospitalario.

Según las últimas recomendaciones (2021) de la ERC, para hemorragias potencialmente mortales, de heridas localizadas en las extremidades, en un lugar susceptible del uso de un torniquete, se estiman las siguientes indicaciones:

- Hay que considerar la aplicación de un torniquete homologado tan pronto como sea posible.
- Se ha de aplicar el torniquete alrededor de la extremidad lesionada 5-7 cm por encima de la herida, pero no sobre una articulación.
- Hay que apretarlo hasta que el sangrado disminuya y se detenga.
- Se debe mantener la presión del torniquete.
- Hay que anotar la hora en que se aplicó.
- No se debe soltar. El torniquete solo debe ser soltado por profesionales capacitados o bajo indicación de personal facultativo. Se estima que un tiempo seguro de aplicación es de hasta 2 horas.
- Resulta prioritario el traslado urgente para recibir atención médica especializada.

Aunque son dispositivos muy útiles, tienen una mala fama, inmerecida, ya que estudios actuales avalan que se debe utilizar como tratamiento de primera línea en el caso de hemorragias potencialmente mortales en extremidades y que se debe colocar lo más pronto posible tras ocurrir la lesión.

Se utilizará como método de primera línea cuando se tenga que tratar:

- Amputaciones traumáticas donde quede suficiente extremidad para ser aplicado.
- Excesivo sangrado arterial.
- Riesgo de exanguinación o *shock* hipovolémico.

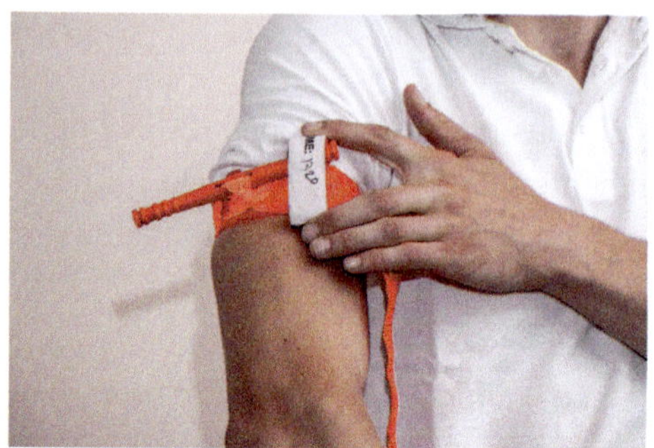

Ejemplo de torniquete

Otras opciones: agentes hemostáticos

Son agentes activos capaces de favorecer el proceso de hemostasia propio del cuerpo humano, de tal forma que minimizan o incluso detienen el sangrado masivo. Existen diferentes presentaciones y diferentes principios activos, como por ejemplo:

- Gelita: apósito de gelatina
- Cera ósea: apósitos con cera de abeja
- Histoacryl®
- Sulfato cálcico
- Etc.

3.4. Protocolo y técnica de desfibrilación externa semiautomática

La desfibrilación externa semiautomática es un procedimiento esencial en situaciones de emergencia médica en que una víctima sufre un paro cardíaco. El uso adecuado de un desfibrilador externo semiautomático (DESA) puede aumentar significativamente las probabilidades de sobrevivir, hasta en un 90 %, especialmente cuando se combina con técnicas de reanimación cardiopulmonar (RCP) de alta calidad.

Conociendo el DESA

Los principales componentes de un DESA incluyen:

- **Electrodos adhesivos:** se colocan en el pecho de la víctima. Son los encargados de medir la actividad cardíaca y administrar la descarga. Dependiendo del modelo, habrá electrodos para adultos y niños/lactantes, o serán unos únicos electrodos, variando el conector de los parches, ajustando la potencia necesaria según la edad.
- **Pantalla:** muestra instrucciones visuales claras. No todos los modelos disponen de una.
- **Altavoces:** emiten instrucciones verbales claras y concisas. Muchos modelos también cuentan con micrófono para grabar la intervención, quedando todo almacenado en una tarjeta microSD que porta el dispositivo.
- **Batería:** recargable o reemplazable, para asegurar que el dispositivo esté siempre listo para su uso.
- **Recomendable:** que porten rasuradoras (por si el paciente tiene excesivo vello corporal poder eliminarlo, ya que, si no, los parches no van a conducir la descarga y pueden provocar graves quemaduras en el tórax) y unas tijeras, para poder cortar la ropa cuando se precise.

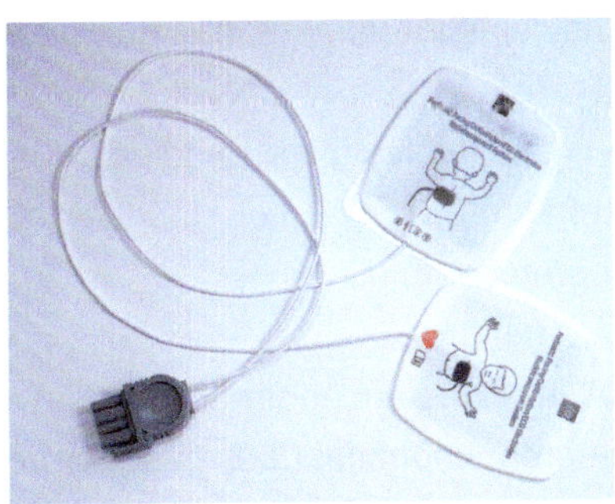
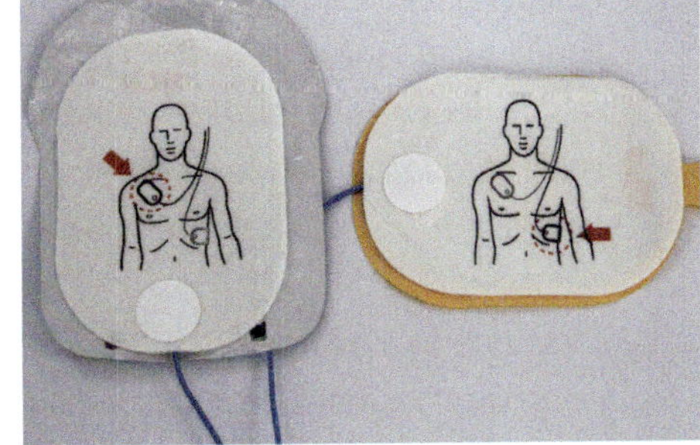

Tipos de parches DESA tanto para niño como para adulto

Los desfibriladores, en general, trabajan con distintos tipos de voltaje, dependiendo de si son manuales, automáticos (en claro desuso por el riesgo al interviniente, al no avisar de la descarga) o semiautomáticos.

El voltaje de almacenamiento habitual de un dispositivo DESA oscila entre 2 kV (2.000 voltios) y 9 kV (9.000 voltios), aunque, a la hora de la descarga, se trata de un voltaje estándar de entre 90 J (80 julios) y 360 J (360 julios).

Respecto a cuándo aplica la descarga, el DESA se considera un desfibrilador bifásico, es decir, administra la descarga eléctrica en dos fases, primero en una dirección y luego en la dirección opuesta, de ahí la posición de los parches en el tórax. Requiere menos energía (150 J) para lograr la desfibrilación efectiva, lo que reduce el riesgo de daño al tejido cardíaco que provocaban los modelos monofásicos anteriores.

Uso del DESA

Para detectar si es necesario o no aplicar un DESA, se recuerda el protocolo que se ha de seguir ante cualquier accidentado:

- Verificar la respuesta: se habla en voz alta a la víctima preguntándole cómo está, a la vez que se le toca los hombros o los brazos, buscando alguna señal de consciencia.
- Comprobar la respiración: si la persona no responde, se le abrirá la vía aérea para comprobar si hay respiración. Si hay, se recuerda que hay que colocar a la persona en PLS; si no la hay o es ineficiente, hay que pedir ayuda y comenzar la RCP.
- Iniciar RCP: comenzar de inmediato con compresiones torácicas y las ventilaciones, en un ratio de 30:2 en el adulto, 15:2 en el niño/lactante (con sus respectivas diferencias en el protocolo).

Una vez que se hace disponible un DESA, hay que encender el dispositivo y seguir las instrucciones verbales y visuales proporcionadas. Los pasos generalmente incluyen:

- Encender el dispositivo y conectar los parches.
- Colocación de los parches: colocar los parches del DESA en el pecho desnudo del paciente siguiendo las indicaciones visuales que vienen dibujadas en los mismos, uno debajo de la clavícula derecha y el otro en la parte izquierda del tórax, debajo de la zona mamaria izquierda. Rasurar la zona si es necesario.
- Análisis del ritmo cardíaco: importante NO TOCAR al paciente para no crear artefactos en la lectura. Aquí se pueden dar dos situaciones:

  - Detección de ritmos desfibrilables: una fibrilación ventricular (FV) o una taquicardia ventricular sin pulso (TVSP), indicar que se debe aplicar una descarga.
  - Detección de ritmos no desfibrilables: el dispositivo emitirá instrucciones para continuar con RCP.

- Administrar la descarga: hay que asegurarse de que nadie esté en contacto con la víctima antes de administrarle la descarga. Se debe presionar el botón de descarga cuando se indique, siempre asegurándose de gritar en voz alta que nadie toque ni al paciente ni el dispositivo.
- Continuar con la RCP: después de que se administre la descarga, se deben realizar otros 2 minutos de RCP antes de que el DESA vuelva a efectuar el análisis.

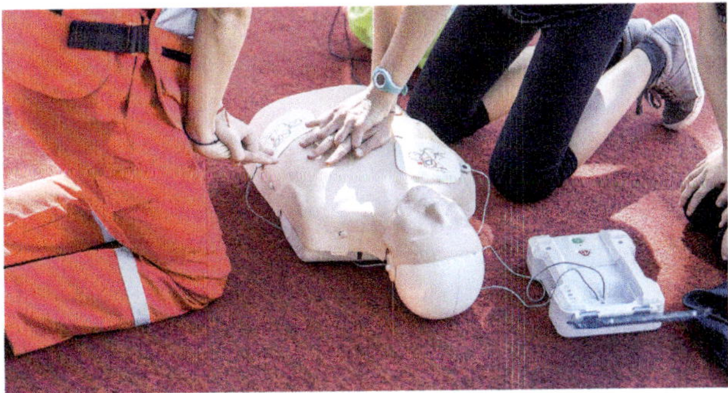

Simulacro aplicando el DESA dentro de la RCP a un paciente adulto

Aplicación práctica

Luisa está en el gimnasio. Un hombre de 55 años se cae al suelo mientras corría en la cinta. Un compañero de entrenamiento le habla, pero el accidentado no responde. Al acercarse Luisa a prestar ayuda, comprueba que el hombre presenta respiraciones agónicas.

¿Cuál es la primera acción que debe realizar?

Describa los pasos necesarios que debe seguir Luisa para utilizar un desfibrilador externo semiautomático (DESA) y cómo continuar con la RCP.

SOLUCIÓN

1. Primero Luisa debe comprobar la respiración y las vías aéreas. Ante la ausencia de consciencia y respiración agónica, se da por hecho que el paciente se encuentra en situación de parada cardiorrespiratoria. Se debe avisar al 112.
2. Inicio de RCP:
   - Compresiones torácicas:
   - Se coloca el talón de una mano en el centro del tórax (sobre el esternón) y la otra mano encima. Hay que mantener los brazos rectos.
   - Se deben realizar compresiones de 6-7 cm de profundidad a un ritmo de 100-120 por minuto.
   - Hay que alternar con 2 ventilaciones cada 30 compresiones.
3. Uso del DESA:
   En cuanto el DESA esté disponible:
   1. Encenderlo y seguir las instrucciones verbales.
   2. Colocar los parches:
      - Uno debajo de la clavícula derecha
      - Otro en el lado izquierdo, a la altura del costado
   3. El DESA analizará el ritmo cardíaco.
   4. Si recomienda una descarga:
      - Hay que asegurarse de que nadie toque al paciente.
      - Se debe presionar el botón de descarga cuando lo indique el dispositivo.

Continúa en página siguiente >>

<< Viene de página anterior

Posdescarga:

- Tras la descarga, hay que continuar inmediatamente con RCP durante 2 min.
- El DESA repetirá el análisis y, si es necesario, indicará otra descarga.
- No se deben interrumpir las compresiones, excepto cuando el dispositivo lo solicite o el paciente recupere el pulso.
- Hay que seguir el ciclo de RCP y análisis del DESA hasta que:
  - Llegue ayuda profesional.
  - El paciente muestre signos de vida.

---

4. Resumen

Las técnicas de soporte ventilatorio son cruciales para mantener la oxigenación de un paciente cuando este es incapaz de hacerlo por sí mismo. Entender cómo proporcionar soporte ventilatorio adecuado tanto a adultos como a pacientes pediátricos es esencial de esta formación. El conocimiento de las indicaciones correctas para iniciar el soporte ventilatorio es tan importante como las técnicas en sí mismas.

La apertura y la permeabilización de la vía aérea son pasos iniciales indispensables. Sin una vía aérea abierta, todas las demás intervenciones serán ineficaces. En esta línea, aprender a usar dispositivos orofaríngeos, y las técnicas de limpieza y desobstrucción, se torna vital, ya que permiten mantener la vía aérea abierta y prevenir la obstrucción, lo que comprometería el flujo de aire esencial para la supervivencia del paciente.

Los aspiradores son herramientas importantes para remover fluidos u obstrucciones materiales de la vía aérea. Aprender a manejarlos correctamente es clave, especialmente en situaciones en las que el bloqueo puede llevar rápidamente a la disminución de oxígeno y potencial daño cerebral.

La ventilación con balón resucitador es otra habilidad incluida en esta unidad. Este método manual para administrar oxígeno asegurando ventilación es esencial en diversas situaciones en que la función respiratoria esté comprometida. Paralelamente, se examinan los procedimientos y dispositivos para la administración de oxígeno medicinal, que son cruciales para mejorar el estado del paciente en situaciones de emergencia. Saber calcular las necesidades de oxígeno durante traslados y cómo emplear estos dispositivos correctamente puede ser decisivo en la evolución del estado del paciente.

Asimismo, las técnicas de soporte circulatorio se tratan con igual profundidad. Restablecer la circulación adecuada es esencial ante paros cardíacos. La ejecución correcta del masaje cardiaco externo y conocer las indicaciones precisas para el soporte del sistema circulatorio se desarrollan extensamente. La capacidad de aplicar técnicas de hemostasia también es fundamental, ya que detener una hemorragia puede prevenir una descompensación que resulte crítica para el paciente.

Además, uno de los avances más significativos en el campo ha sido la inclusión de la desfibrilación externa semiautomática, capaz de salvar vidas cuando se aborda de manera temprana en las arritmias que provocan paros cardíacos. Acceder a protocolos y dominar la técnica de desfibrilación representa una herramienta poderosa en manos de socorristas, lista para ser aplicada en las situaciones más críticas.

Ejercicios de repaso y autoevaluación

1. **¿Cuál de las siguientes condiciones justifica el uso de soporte ventilatorio?**

    a. Dolor de cabeza
    b. Apnea o dificultad respiratoria severa
    c. Presión arterial baja
    d. Pérdida de conciencia sin dificultad respiratoria

2. **Indique si la siguiente oración es verdadera o falsa:**

    "En un lactante con obstrucción completa de la vía aérea, se deben realizar compresiones abdominales como en adultos".

    ☐ Verdadero
    ☐ Falso

3. **Complete:**

    Los dispositivos orofaríngeos se colocan en pacientes ____________ para mantener la vía aérea abierta.

4. **¿Cuál es el primer paso al usar un DESA?**

    a. Aplicar una descarga sin verificar el ritmo.
    b. Encender el dispositivo y seguir las instrucciones.
    c. Realizar RCP durante 10 minutos antes de encender el DESA.
    d. Esperar a que lleguen los servicios de emergencia antes de usarlo.

5. **Complete:**

    Si una persona está inconsciente, pero respira y tiene pulso, se debe colocar en posición _________ ___ ____________ para mantener la vía aérea abierta.

Capítulo 2

Atención inicial del paciente politraumatizado

Contenido

1. Introducción
2. Epidemiología
3. Biomecánica del trauma
4. Valoración y control de la escena
5. Valoración inicial del paciente politraumatizado
6. Valoración, soporte y estabilización de las lesiones traumáticas
7. Atención inicial en traumatismos
8. Connotaciones especiales del paciente traumatizado pediátrico, anciano o gestante
9. Amputaciones
10. Explosión
11. Aplastamiento
12. Vendajes
13. Cuidado y manejo de lesiones cutáneas
14. Resumen

1. Introducción

Cuando toca asistir a un paciente que ha sufrido múltiples lesiones traumáticas, la eficacia de las acciones iniciales es primordial. Este proceso es análogo a una obra teatral bien orquestada en la que cada segundo bien optimizado cuenta para ofrecer una respuesta efectiva que garantice la mejora de las posibilidades de recuperación del paciente.

Tener una visión general de la epidemiología del trauma y de la biomecánica del trauma aporta una perspectiva global del accidentado.

La correcta valoración y control de la escena es el primer paso hacia una intervención efectiva. Un entorno seguro, vital para el rescatador y el paciente, influye en la eficacia de la atención proporcionada, para que así la estabilización de las lesiones traumáticas, mediante un soporte adecuado, permita manejar los distintos tipos de lesiones que un paciente politraumatizado puede presentar, ya que cada tipo de lesión requiere de técnicas específicas que minimicen el daño y preparen al paciente para una atención más avanzada.

La importancia de todos estos conocimientos no solo se traduce en salvar vidas, sino también en optimizar los resultados clínicos de los afectados, lo que subraya la urgencia de una formación sólida y actualizada en estas competencias.

2. Epidemiología

La **epidemiología** es el estudio que se efectúa sobre el pueblo o la comunidad, en lo referente a los procesos de salud y enfermedad. En el contexto de la atención inicial del paciente politraumatizado, la epidemiología es fundamental para poder desarrollar estadísticas acerca de la frecuencia, distribución y factores de riesgo asociados a los traumas, así como para desarrollar estrategias de intervención eficaces, con lo que se reduce la mortalidad y morbilidad.

Los accidentes de origen traumático son una de las principales causas de muerte y discapacidad en todo el mundo. La Organización Mundial de la Salud

(OMS), según datos recientes (2023), certifica que 1,19 millones de personas fallecen como consecuencia de accidentes de tránsito.

La OMS a su vez también recalca diferencias significativas en relación con factores demográficos y sociales. En países de ingresos bajos y medianos, donde las regulaciones viales pueden ser menos estrictas y los servicios de emergencia menos eficaces o inaccesibles, las tasas de lesiones y muertes son desproporcionadamente altas. En cambio, en países de ingresos altos, aunque la incidencia de traumas también es alta, los resultados suelen ser más favorables, debido a una infraestructura robusta para la respuesta y la atención de urgencia.

Usando los datos que ofrece la epidemiología, se pueden también crear leyes y regulaciones que refuercen las medidas preventivas. Las campañas para promover el uso del cinturón de seguridad y el casco protector, y desalentar sobre el uso de teléfonos móviles mientras se conduce, han mostrado efectividad en la reducción de la tasa de accidentes y lesiones.

Para poder recopilar y ordenar todos los datos que se van obteniendo, existen categorizaciones a distintos niveles: internacionales, nacionales, etc. Las listas de lesiones, como la Clasificación Internacional de Enfermedades (CIE), ayuda a los profesionales de la salud y a los investigadores a recoger datos estandarizados sobre el tipo y la gravedad de los traumas, lo que facilita el análisis comparativo entre diferentes regiones y periodos de tiempo. Al igual que los restantes datos estadísticos, los resultados irán dirigidos a establecer políticas preventivas dentro de la salud pública.

En el ámbito hospitalario, la epidemiología del trauma influye en la capacitación del personal médico en soporte vital básico y avanzado, se focaliza en los escenarios y patrones de lesiones más comunes. Además, la investigación epidemiológica fomenta el desarrollo de guías de práctica clínica basadas en la evidencia que minimizan los tiempos de diagnóstico y tratamiento.

Importante

La epidemiología del trauma no solo se enfoca en el cómputo de casos, sino en el análisis de patrones y tendencias a largo plazo.

3. Biomecánica del trauma

La **biomecánica** es una parte de la ciencia que se dedica a estudiar el comportamiento del cuerpo humano ante las diversas fuerzas que pueden impactar en el (térmica, cinética, mecánica, etc.), utilizando los conocimientos de la física, la anatomía y la fisiología.

Por lo tanto, en la biomecánica van a influir ciertos conceptos físicos denominados *leyes de la energía*, plateadas por Newton, por las que se rigen todos los movimientos:

- **1ª ley:** un cuerpo en movimiento continuará su trayectoria de manera continua y permanente, a no ser que haya una fuerza externa que se oponga a este movimiento.
- **2ª ley:** la energía cinética viene dada por la fórmula:

Ec = 1/2 masa x velocidad2

siendo M la masa del cuerpo y V su velocidad. Esto determina la energía que posee un cuerpo en virtud de su velocidad.

- **3ª ley:** a toda acción se opone una reacción igual y en el sentido contrario. Esto se ve mucho en los accidentes de tráfico que ocurran contra superficies rígidas y no móviles, como una pared.

En la aplicación de estas leyes y en el desarrollo de estas a lo largo de los años y de diferentes estudios, se han identificado cinco principales mecanismos lesivos dentro de la biomecánica, justificados por la relación entre estas fuerzas y nuestro cuerpo:

- **Flexión:** da lugar a fracturas, debido al aumento de presión.
- **Extensión:** da lugar más habitualmente a luxaciones.
- **Compresión:** se debe a la aplicación de una fuerza en sentido longitudinal.
- **Tracción:** suele producir lesiones a nivel muscular, luxaciones, esguinces, etc.
- **Torsión:** provoca lesiones debido a la rotación excesiva de los tejidos sobre un eje estático.

El envejecimiento y las características biológicas individuales juegan igualmente un papel determinante en la biomecánica del trauma. Las personas mayores pueden ser más susceptibles a fracturas con menor carga aplicada debido a la disminución de la densidad ósea y cambios degenerativos en las articulaciones. De forma similar, los niños y los adolescentes tienen huesos y cartílagos que aún están en desarrollo y, por ello, presentan un patrón de lesiones distinto en comparación con los adultos.

Además, el estudio de la biomecánica del trauma actúa como puente hacia la prevención. Al analizar cómo se producen las lesiones y qué factores las agravan, se pueden diseñar estrategias para mitigar las fuerzas experimentadas en situaciones de riesgo, como mejoras en los dispositivos de seguridad y la promoción de medidas de prevención en el día a día.

Estos conceptos no solo sirven en el entorno inmediato del trauma y la atención del paciente, sino que extienden su utilidad a campos como la ingeniería de seguridad, por ejemplo, en el diseño de mejores métodos de protección dentro de los vehículos, normas más útiles dentro de la legislación de prevención de riesgos laborales, etc.

La biomecánica del trauma es una herramienta esencial no solo para la respuesta efectiva ante accidentes que involucren múltiples traumas, sino también como piedra angular para la organización de servicios de salud pública y mejora de políticas de prevención a nivel comunitario.

4. Valoración y control de la escena

La valoración y el control de la escena son pasos críticos en la atención inicial del paciente politraumatizado. Estos procesos no solo certifican la seguridad del equipo y las víctimas, sino que optimizan la efectividad de la intervención prehospitalaria. Entender la dinámica del incidente, identificar riesgos y gestionar los recursos es básico para poder realizar una correcta atención.

Esta valoración, para que sea más didáctica, se divide en varios pasos, en orden cronológico lógico, lo que garantiza la seguridad del interviniente:

1. **Protegerse a uno mismo antes de actuar**

   La seguridad es siempre la máxima prioridad. El interviniente debe evitar comprometer su integridad física. Al llegar a la escena, se debe realizar un análisis rápido y sistemático de posibles peligros, como por ejemplo:

   - Amenazas ambientales: condiciones climatológicas adversas como nieve, hielo, inundaciones, fuego, etc.
   - Factores humanos: excesivo tráfico, personas agresivas, demasiada gente en la escena. Además de explosiones u otros problemas de origen humano.
   - Materiales peligrosos: químicos, gases tóxicos, riesgo eléctrico.

   Si estos riesgos no son manejables por el equipo de emergencias presente en la zona, habrá que esperar a que llegue la ayuda especializada antes de intervenir.

2. **Visualizar el escenario para determinar las acciones que realizar**

   Una vez asegurados, toca valorar más de cerca el entorno, con vistas a preparar el equipo e intervenir de la manera más eficiente posible. En la ambulancia, se pueden dar los escenarios diferentes:

   - Accidentes automovilísticos: se ha de valorar cómo ha sido el tipo de colisión (frontal, lateral, múltiple, con vuelco del vehículo, etc.), ya

que esto puede dar pistas de las lesiones que se pueden encontrar en los ocupantes.
- Caídas: sobre todo cuando estas se dan a diferente altura. Esta es determinante en la gravedad, la complejidad y la dificultad del manejo de las lesiones.
- Accidentes de maquinaria pesada: dentro de muchos entornos laborales, hay maquinaria que provoca aplastamientos y amputaciones graves, que deben ser atendidas con pericia y urgencia.

3. **Se comienza el control del escenario para intervenir**

Hay que comenzar a delimitar el área donde se va a desarrollar nuestro trabajo. Esto va a incluir métodos de balizamiento y señalización, así como la coordinación con otros intervinientes (fuerzas y cuerpos de seguridad, bomberos, etc.):

- Dentro del grupo de trabajo, la comunicación ha de ser ordenada y efectiva, respetando los turnos de conversación, para que se pueda ser más eficiente y la intervención sea controlada.
- En situaciones en las que haya múltiples víctimas, el triaje se convierte en una herramienta indispensable para decidir la prioridad de atención y transporte. El sistema más utilizado se denomina START, aunque hay muchos otros métodos. El triaje permite maximizar la efectividad de los recursos disponibles y garantiza que los pacientes más graves reciban atención primero.
- Una vez establecido el orden, la clasificación y las funciones, la atención se dará de una manera natural y fluida, garantizando así lo que sea óptimo para la supervivencia del paciente.

Se puede concluir entonces que, desde el análisis de riesgos hasta la comunicación y la gestión de recursos, cada paso contribuye al éxito del rescate. En última instancia, la habilidad del profesional para evaluar y gestionar la escena puede marcar la diferencia entre una asistencia completa que minimice las secuelas y maximice las probabilidades de sobrevivir al evento.

5. Valoración inicial del paciente politraumatizado

Tras asegurar la escena según lo establecido en la etapa previa de valoración y control, el personal de salud debe enfocar su atención en una evaluación rápida pero exhaustiva del paciente. El enfoque sistemático y repetitivo es clave en la valoración inicial, eso garantiza que ninguna lesión grave pase desapercibida.

5.1. Valoración primaria

La evaluación primaria busca la supervivencia inmediata del paciente mediante la identificación y el tratamiento de las condiciones que amenazan la vida. Se realiza de forma rápida y eficiente, siguiendo una secuencia estructurada conocida como ABCDE, que asegura un enfoque sistemático, y que garantiza no pasar por alto ninguna comprobación, ya que todas son de carácter vital.

- **A: vía aérea *(airway)* con restricción del movimiento de la columna cervical**

  Como primer paso, se debe verificar la capacidad del paciente para hablar o emitir sonidos, lo cual indica una vía aérea despejada.
  En el caso de no ser posible lo anterior, se debe efectuar una rápida valoración de signos de obstrucción de la vía aérea, lo cual conlleva inspeccionar en búsqueda de objetos extraños, un examen rápido de la cara, la mandíbula y tráquea en busca de fracturas, así como la aspiración de sangre u otras secreciones.
  Es crucial mantener la alineación de la columna cervical usando técnicas de movilización seguras, como la maniobra de subluxación mandibular en pacientes con sospecha de lesión medular.

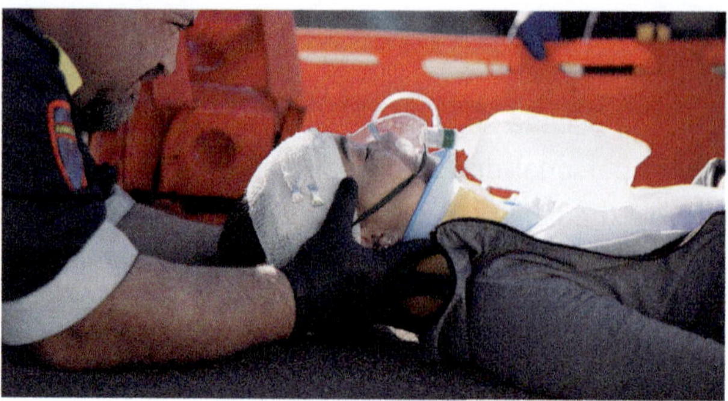

Estabilización cervical en un politraumatizado

- **B: respiración *(breathing)* y ventilación**

Asegurada la vía aérea, es momento de valorar la respiración para detectar problemas en la ventilación, ya que una permeabilidad de las vías no asegura una oxigenación adecuada: esta requiere la función adecuada de los pulmones, la pared torácica y el diafragma.

La observación del tórax, la palpación y la auscultación (por parte del personal médico) son esenciales. Se deben buscar signos de neumotórax a tensión, neumotórax abierto, gran hemotórax o tórax inestable, entre otros. En situaciones de dificultad respiratoria, se iniciará la administración de oxígeno y se realizarán las intervenciones necesarias para aliviar los cuadros agudos y que den complicaciones a corto plazo. La monitorización constante de la saturación de oxígeno y otros signos vitales es fundamental.

- **C: circulación *(circulation)* con control de hemorragias**

El compromiso circulatorio en pacientes politraumáticos puede ser el resultado de muchas y diferentes lesiones. El volumen sanguíneo, el gasto cardíaco y el sangrado son los principales problemas circulatorios que considerar.

El control de las hemorragias externas debe ser inmediato, empleando presión directa, apósitos especiales o torniquetes. La evaluación de la perfusión se realiza comprobando el pulso, el color de la piel, la temperatura y el relleno capilar. Asimismo, es crucial valorar signos de choque hipovolémico. De ser necesario, se iniciarán maniobras de resucitación con fluidos intravenosos, hasta llegar al centro hospitalario, donde podremos restituir la sangre perdida y realizar otras maniobras resolutivas, generalmente, quirúrgicas, para sacar el paciente adelante.

- **D: déficit neurológico *(disability)***

Esta fase comienza con una evaluación neurológica básica utilizando la escala de coma de Glasgow (ECG), la cual establece el nivel de conciencia, el tamaño pupilar y la reacción del paciente a preguntas de diversa dificultad, como a órdenes motoras bilaterales.

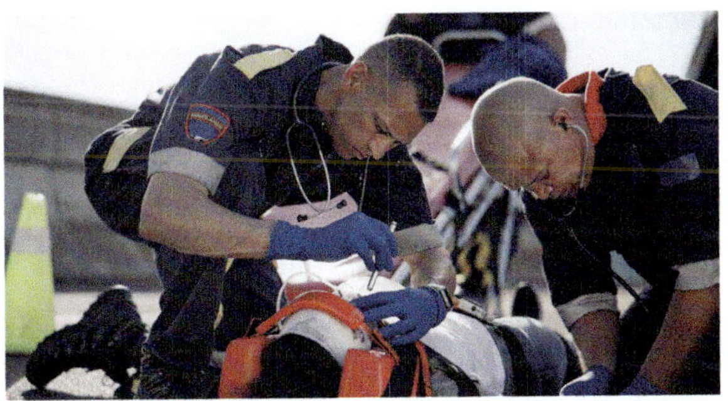

Un sanitario comprueba la respuesta pupilar del paciente a la luz.

- **E: exposición *(exposure and environmental control)* con control ambiental**

Una inspección completa del cuerpo permite identificar lesiones que no son inmediatamente evidentes. Se debe quitar la ropa del paciente para descubrir lesiones ocultas: hay que buscar quemaduras, fracturas abiertas, laceraciones grandes y otros signos de trauma significativo.
En este paso, es importante valorar la hipotermia, la cual puede presentarse si el paciente está expuesto excesivo tiempo. Es necesario, después de la evaluación, taparle, administrar rápidamente fluidos calientes (evitando sangre/sueros refrigerados), evitando la pérdida de calor, ya que esta es altamente letal en pacientes politraumatizados.
Por eso se denomina *exposure and environmental control:* primero se expone al paciente *(exposure)* para poder examinarle y, después, se controla el ambiente *(environmental control),* es decir, se evita la hipotermia.

5.2. Valoración secundaria

Este proceso sucede tras haber asegurado que el paciente está estabilizado mediante la valoración primaria.

El propósito de la valoración secundaria es identificar todas las lesiones que no ponen en peligro la vida de manera inmediata, pero que, si no se tratan, pueden generar complicaciones a corto plazo. Su realización un examen físico más detallado y una recopilación sistemática del historial del paciente, conocida comúnmente como método SAMPLE.

Examen físico detallado

El examen físico en la valoración secundaria se lleva a cabo de forma sistemática siguiendo el acrónimo DCAP-BTLS:

- **D** (*deformities* - deformidades): alteraciones visibles en la forma del cuerpo, como fracturas evidentes o luxaciones.
- **C** (*contusions* - contusiones): hematomas que indican daño a tejidos subyacentes o posibles lesiones internas.
- **A** (*abrasions* – abrasiones).
- **P** (*punctures/penetrations* - punciones o penetraciones): heridas causadas por objetos que perforan la piel, que dan información acerca de un posible daño interno.
- **B** (*burns* - quemaduras): lesiones por temperatura, de origen químico o eléctrico.
- **T** (*renderness* - dolor a la palpación): sensibilidad o dolor cuando se presiona una zona.
- **L** (*lacerations* - laceraciones).
- **S** (*swelling* - hinchazón).

El examen físico sistemático se realiza de la **cabeza a los pies**:

1. **Cabeza y cuello:** búsqueda de deformidades en el cráneo, contusiones faciales, heridas abiertas o inflamación. También hay que evaluar el cuello en busca de hematomas o desviaciones de la tráquea.

2. **Tórax:** observar y palpar en búsqueda de fracturas, dolor, crepitación, inestabilidad, así mismo como examinar los ruidos pulmonares por medio del fonendoscopio (personal médico).
3. **Abdomen:** palpar buscando dolor, vientre en tabla, excesiva inflamación, y observar la existencia de hematomas o fóvea. También se examina si conserva ruidos fisiológicos por medio del fonendoscopio (personal médico).
4. **Pelvis:** evaluar deformidades, dolor al movimiento o inestabilidad. Importante también valorar la existencia de hematomas, ya que es una zona habitual de hemorragias internas de carácter masivo.
5. **Extremidades:** examinar brazos y piernas por fracturas, heridas abiertas, sensibilidad o alteraciones neurovasculares.
6. **Espalda:** palpar buscando heridas, hematomas o deformidades.

Historia médica detallada: método SAMPLE

El historial médico del paciente se obtiene también en esta fase y es fundamental para guiar el tratamiento posterior. Se utiliza el método SAMPLE, el cual consta de los siguientes pasos:

- **S (*symptons* - signos y síntomas):** identificación de los signos observables y los síntomas que refiere el paciente.
- **A (*allergies* - alergias):** recopilar cualquier alérgeno conocido que el paciente podría tener, principalmente medicamentosas, pero también ambientales, de contacto o de ingesta.
- **M (*medications* - medicación):** recopilar los medicamentos actuales, teniendo en cuenta que pueden influir en la respuesta al trauma o en el tratamiento que se le vaya a aplicar.
- **P (*past medical history* - antecedentes médicos relevantes):** enfermedades crónicas, cirugías pasadas, etc.
- **L (*last oral intake* - última ingesta):** especialmente importante en casos donde puede ser necesario realizar procedimientos quirúrgicos urgentes.
- **E (*events leading to the incident* - qué ocurrió antes del trauma):** información sobre la causa del accidente y cómo ocurrió, lo que puede dar pistas acerca de lesiones que pueden estar ahí y no se puedan ver.

Sabía que...

Signos y síntomas no son lo mismo. Los signos hacen referencia a aquellos datos medibles que se pueden obtener al examinar al paciente: tensión arterial, SpO_2, temperatura, pulso, etc. Los síntomas son aquellos datos objetivos que refiere el paciente y que se pueden medir: mareo, dolor, náuseas, cansancio, etc.

Aplicación práctica

Un técnico de emergencias es llamado a una escena de accidente de tráfico donde un vehículo ha colisionado contra un poste. Al llegar, encuentra a un conductor consciente que presenta dificultad para respirar, una hemorragia visible en el pecho y signos de *shock*. ¿Cómo debe realizar la evaluación primaria de este paciente?:

SOLUCIÓN

1. Valoración de la escena: hay que asegurar la escena para evitar peligros adicionales (por ejemplo, tráfico en movimiento).
2. Realización de la valoración primaria:

    - A (vía aérea): hay que verificar que la vía aérea está despejada. En este caso lo está y el paciente está consciente.
    - B (respiración): evaluar la respiración. Hay que observar la dificultad respiratoria y la hemorragia en el pecho.
    - C (circulación): hay que controlar la hemorragia visible y observar si hay signos de *shock*.
    - D (discapacidad): hay que realizar una evaluación rápida del estado neurológico (nivel de conciencia).
    - E (exposición): se debe exponer al paciente para identificar otras posibles lesiones.

Intervenciones inmediatas:

- Controlar de la hemorragia del pecho por medio de presión o un vendaje compresivo.
- Administrar oxígeno suplementario.
- Vigilar los signos de *shock* y avisar al equipo médico. Reevaluar continuamente.

6. Valoración, soporte y estabilización de las lesiones traumáticas

El manejo de un paciente politraumatizado exige un enfoque meticuloso y organizado que priorice la identificación y el tratamiento de las lesiones más graves. El objetivo aquí es minimizar riesgos, estabilizar al paciente y prepararlo para su traslado o intervención definitiva, siguiendo un plan basado en principios clínicos probados.

Para empezar, es importante recalcar que la valoración secundaria no se limita a una única evaluación, sino que requiere un monitoreo constante para detectar cambios en el estado del paciente. No se ha de dejar de monitorear las constantes vitales: la presión arterial, la frecuencia cardíaca, la frecuencia respiratoria y el nivel de consciencia. Algunos cambios, como la aparición de taquicardia, hipotensión o alteraciones neurológicas, pueden ser indicadores de deterioro clínico.

El tratamiento y la estabilización de las lesiones debe priorizarse según su gravedad, siguiendo un enfoque que aborde primero las condiciones más críticas. Según las lesiones, se han de observar algunos ejemplos de priorización:

- **Lesiones musculoesqueléticas:** las fracturas abiertas y otras lesiones óseas significativas requieren inmovilización inmediata para evitar complicaciones. Esto incluye:
  - Realinear cuidadosamente la extremidad afecta.
  - Usar férulas para prevenir el daño a tejidos adyacentes, como nervios o vasos sanguíneos.
- **Lesiones en la columna vertebral:** la estabilización adecuada es esencial para prevenir lesiones en la médula espinal, que es nuestra principal preocupación en esta zona anatómica. Por lo tanto, es relevante:
  - Usar dispositivos como el collarín y el tablero espinal para mantener la columna en posición anatómica.
  - Movilizar cuidadosamente al paciente en bloque, evitando movimientos bruscos que puedan causarle daños adicionales.

- **Trauma craneoencefálico (TCE):** las lesiones en la cabeza requieren atención inmediata para prevenir complicaciones como el aumento de la presión intracraneal. También es importante controlar los niveles de CO_2 mediante ventilación adecuada, ya que la hipercapnia puede agravar el edema cerebral.
- **Control de hemorragias:** la contención del sangrado es esencial para evitar el *shock* hipovolémico. Esto se logra mediante:

    - Compresión directa sobre las heridas.
    - Uso de torniquetes en casos de hemorragias arteriales graves, lo que asegura una aplicación controlada para evitar complicaciones.
    - Corrección de factores que puedan afectar a la coagulación, como la hipotermia, ya que esta puede interferir con la hemostasia.

- **Alivio del dolor:** controlar el dolor es fundamental para reducir la respuesta simpática, que puede aumentar el consumo de oxígeno y agravar la hipoperfusión tisular. Los analgésicos deben administrarse con cuidado, considerando la condición general del paciente y siempre bajo orden médica o de enfermería.

Como se puede observar, el manejo del paciente politraumatizado requiere un enfoque metódico que priorice:

- La detección y el tratamiento rápido de lesiones que amenacen la vida.
- La estabilización a través de técnicas adecuadas de inmovilización.
- El control del dolor y la hemorragia.
- El monitoreo continuo de la condición hemodinámica y neurológica.

Un manejo adecuado en esta fase inicial es crucial para mejorar las tasas de supervivencia y reducir complicaciones, lo que asegura una mejor calidad de vida para los pacientes traumatizados.

7. Atención inicial en traumatismos

Se puede definir a un paciente con trauma grave como aquel que presenta lesiones orgánicas o musculoesqueléticas, alguna de las cuales puede comprometer su vida.

El objetivo principal de la atención inicial en traumatismos graves es identificar y tratar de manera eficaz y eficiente las lesiones que ponen en riesgo la vida. Es crucial seguir un enfoque sistemático y ordenado que permita priorizar intervenciones, asegurando que las amenazas más críticas sean atendidas primero. Este proceso debe realizarse siguiendo el ABCDE de la evaluación primaria y la evaluación secundaria, mencionados anteriormente.

La atención inicial en traumatismos también implica aspectos logísticos y de coordinación, lo que fortalece la relación entre intervinientes en emergencias y el personal médico intrahospitalario. La capacitación continua y completa del personal involucrado en atención prehospitalaria es vital para garantizar un manejo adecuado y coordinado.

El uso de protocolos y guías estandarizadas es fundamental para asegurar que todos los involucrados en la respuesta de emergencia actúen de manera coherente y alineada, lo que redunda en un cuidado de calidad.

7.1. Traumatismo torácico

Se define **traumatismo torácico** como cualquier lesión que afecta a las estructuras del tórax como resultado de un impacto directo, penetrante o por mecanismos indirectos. Pueden clasificarse en dos **tipos** principales:

- **Traumatismo cerrado:** se da la lesión sin que haya una penetración externa de la caja torácica. Suele ser producido por accidentes automovilísticos, caídas o impactos directos. Las lesiones comunes incluyen contusiones pulmonares, fracturas costales o neumotórax a tensión.
- **Traumatismo abierto:** en este sí existe una penetración en la cavidad torácica, habitualmente causada por heridas de arma de fuego o arma blanca. Estas lesiones son particularmente peligrosas debido al riesgo

de neumotórax abierto (acumulación de aire en el espacio pleural) o hemotórax (acumulación de sangre en el espacio pleural).

Dentro del trauma torácico, están los siguientes cuadros, más complejos que los anteriores.

Neumotórax a tensión

Ocurre cuando entra aire en el espacio pleural debido a una lesión en el pulmón, sin posibilidad de salir. Esto genera presión elevada en el tórax, causa colapso en el pulmón afectado y desplaza el mediastino hacia el lado contrario, lo que puede llevar a una insuficiencia respiratoria grave en pocos minutos.

Signos y síntomas:

- Respiración rápida (taquipnea) y dificultad para respirar (disnea).
- Movimiento asimétrico del tórax.
- Sonido hueco al percutir en el tórax (timpanismo).
- Ruido respiratorio en el lado afectado.

Neumotórax abierto

Ocurre cuando una herida, generalmente por arma blanca o de fuego, perfora la cavidad toráxica y afecta, en este caso, al pulmón. Si la herida es grande, el aire entra por esta en lugar de la tráquea durante la inspiración y provoca un neumotórax a tensión progresivo.

Signos y síntomas:

- Son similares al neumotórax a tensión, pero con una herida visible en el tórax que permite observar el paso de aire con cada respiración.

Hemotórax

Es la acumulación de sangre en el espacio pleural. Suele ocurrir por heridas penetrantes y genera hipovolemia grave, junto con colapso pulmonar y desplazamiento del mediastino.

Signos y síntomas:

- Son similares al neumotórax a tensión, pero al percutir el tórax se escucha un sonido apagado (matidez).

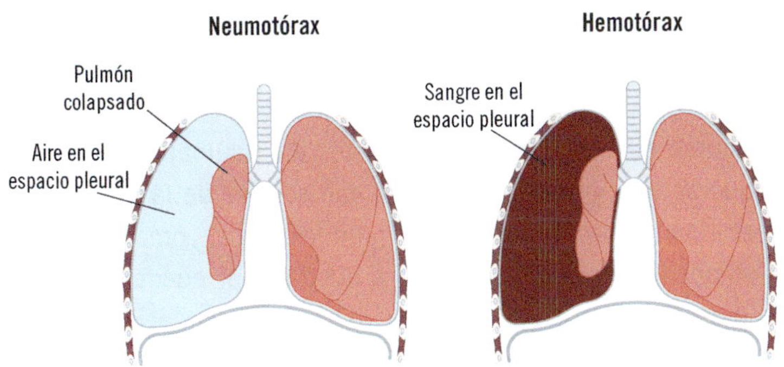

Volet costal

El *volet* costal, también conocido como tórax inestable, ocurre cuando dos o más costillas se fracturan en al menos dos puntos, creando un segmento de la pared torácica que se mueve de forma opuesta al resto durante la respiración (hacia adentro en la inspiración y hacia afuera en la espiración). Esta lesión se asocia con traumatismos de alta energía.

Signos y síntomas:

- Movimiento paradójico del segmento afectado.
- Palpación de los escalones de las fracturas y del segmento inestable.

Taponamiento cardíaco

El taponamiento cardíaco ocurre cuando la sangre se acumula en el espacio pericárdico debido a un traumatismo contuso. La sangre, al no poder salir, ejerce presión sobre el corazón, dificulta su capacidad de llenado (diástole) y reduce el gasto cardíaco.

Signos y síntomas (tríada de Beck):

- Aumento de la presión venosa, que se observa en la ingurgitación yugular.
- Disminución de la presión arterial.
- Tonos cardíacos apagados a la auscultación.

Fracturas costales

Las fracturas de costillas son frecuentes en traumatismos torácicos. Las fracturas que se asocian a mayor mortalidad son las de la primera y segunda costilla, debido al riesgo de lesiones en grandes vasos, como la aorta. Las fracturas de las costillas inferiores (octava a duodécima) pueden indicar lesiones hepáticas o esplénicas.

Signos y síntomas:

- Dolor al respirar, por el roce de la fractura con la pleura.
- Crepitación o deformidad palpable en la pared torácica.
- Dificultad para respirar (disnea).
- Frecuencia respiratoria aumentada (taquipnea).

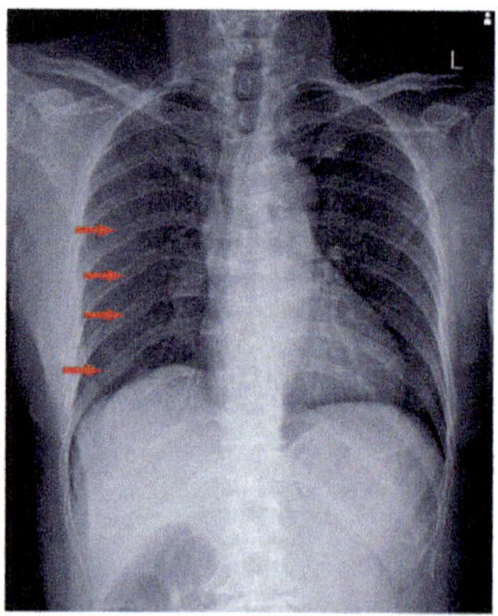

Varias fracturas costales en el hemitórax derecho del paciente. Aquí, además de observar las fracturas, también se puede deducir un volet costal.

Contusión pulmonar

La contusión pulmonar es una lesión hemorrágica del tejido pulmonar causada por traumatismos. Puede avanzar hacia insuficiencia respiratoria por edema pulmonar, hemorragia alveolar y colapso.

Signos y síntomas:

- Puede no ser evidente en el examen inicial.
- Generalmente, se sospecha por el mecanismo de la lesión y otras heridas asociadas.

Los traumatismos torácicos representan una urgencia médica que requiere atención inmediata. La comprensión clara de las patologías involucradas y su manejo eficiente puede marcar la diferencia en la supervivencia y recuperación del paciente. La implementación de protocolos adecuados para la evaluación y el tratamiento inicial es crucial en estos casos, pues garantiza que se tomen medidas oportunas y efectivas que minimicen el riesgo de complicaciones y aseguren la mejor atención posible para los afectados.

Nota

Existen otro tipo de urgencias por trauma toráxico, como pueden ser la rotura de esófago, tráquea, grandes vasos, hernia diafragmática traumática, que generalmente tan solo tienen solución quirúrgica.

7.2. Traumatismo abdominal

Se puede deducir fácilmente que un **traumatismo abdominal** tiene riesgos innumerables. Se define como una lesión que afecta a la región del abdomen, causada por fuerzas externas, impactos directos o heridas penetrantes. La evolución de un traumatismo abdominal puede ser imprevisible y presentar complicaciones de forma repentina, lo que subraya la importancia de comprender el mecanismo de la lesión para prever los posibles daños asociados.

Las principales causas de mortalidad en este tipo de lesiones están relacionadas con el daño a vasos sanguíneos principales o con infecciones graves (sepsis) derivadas de la perforación de órganos huecos. Por otro lado, las lesiones en órganos sólidos como el hígado, el bazo o los riñones pueden provocar hemorragias severas y desencadenar un estado de *shock*.

Los traumatismos en el abdomen pueden ser de dos **tipos:**

- **Traumatismo abdominal cerrado:** se da por un golpe seco y contundente. No hay heridas penetrantes, pero los órganos internos pueden estar gravemente dañados. Un ejemplo común es un accidente automovilístico, cuando el paciente sufre un impacto contra el volante o cinturón de seguridad.
- **Traumatismo abdominal abierto:** implica una herida que atraviesa la piel y puede dañar los órganos internos. Este tipo de lesión frecuentemente se debe a heridas de arma blanca o heridas por arma de fuego. La evaluación del alcance de la penetración es crucial para determinar el compromiso de los órganos internos.

Dentro del trauma abdominal, se pueden ver afectados diversos órganos, lo que dará una multitud de síntomas, entre ellos:

- **Bazo e hígado:** el bazo es el órgano que con mayor frecuencia se lesiona en traumatismos cerrados. Ante la presencia de fracturas en las costillas inferiores, siempre se debe descartar una afectación de este órgano, ya que puede causar hemorragia intraabdominal severa y desencadenar un estado de *shock* hipovolémico. Respecto al hígado, su lesión puede ser fatal, tanto en fases tempranas debido a una hemorragia masiva como en fases posteriores por infecciones graves (sepsis).
- **Órganos / vísceras huecas:** las lesiones más comunes en esta categoría afectan el intestino. Las principales complicaciones surgen debido al derrame de contenido intestinal dentro de la cavidad abdominal, lo que puede llevar a una peritonitis y, peor aún, a un estado séptico.

- **Evisceración:** es un caso de especial interés y bastante habitual en trauma abdominal. Se produce la salida al exterior de órganos internos a través de una herida abierta en la pared del abdomen. Este tipo de lesión puede ocurrir como resultado de un traumatismo severo, una cirugía complicada o una herida penetrante que compromete la integridad de los tejidos. En su manejo inicial se trata de no reintroducir los órganos, cubrirlos con gasas estériles humedecidas con suero fisiológico, no presionar y trasladar rápidamente al centro sanitario.

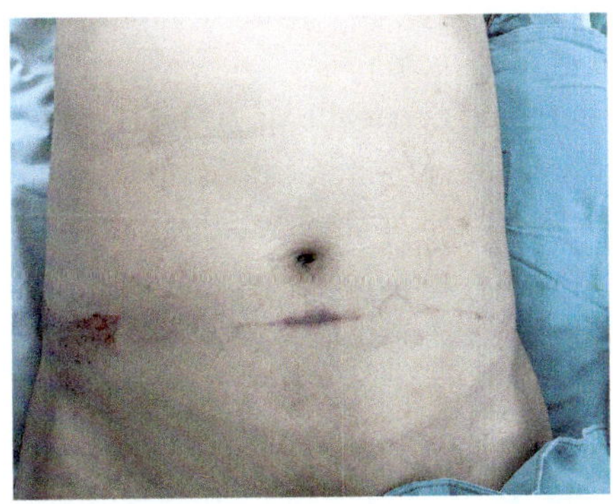

Signo visible de equimosis en el abdomen provocada por el cinturón de seguridad de un automóvil

- **Zona genitourinaria:** las lesiones en esta región deben considerarse cuando hay signos como sangre en la orina (hematuria), hematomas en los flancos del abdomen o heridas penetrantes en el área de la pelvis o el retroperitoneo. Suelen ser causadas por fuerzas de desaceleración.

7.3. Traumatismo raquimedular

El **traumatismo raquimedular** es una lesión que involucra la columna vertebral y/o la médula espinal, ocasionada por impactos, compresiones, desplazamientos o fracturas vertebrales. Esta afección puede generar alteraciones temporales o permanentes tanto en la estructura ósea como en los nervios de la médula espinal, o en ambas.

Según el tipo de lesión medular, el déficit neurológico postraumático puede consistir en una paraplejia (imposibilidad para la movilización de las extremidades inferiores), una tetraplejia (imposibilidad para la movilización de las cuatro extremidades) o una hemiplejia (imposibilidad para la movilización de un hemicuerpo). Los signos y síntomas que se pueden encontrar según la zona vertebral dañada son:

- **Lesiones en la región cervical alta (C1-C4):** pueden producir tetraplejia y comprometer funciones vitales. Las lesiones en C3 o superiores son especialmente graves, ya que afectan directamente a los músculos responsables de la respiración.
- **Lesiones en la región cervical baja (C5-T1):** pueden ocasionar distintos grados de tetraplejia, con alteraciones en el control motor y la sensibilidad tanto en el tronco como en las extremidades superiores.
- **Lesiones en la región torácica (T2-T12):** se asocian más con paraplejia, además de alteraciones significativas en la movilidad y el tono muscular del tronco.
- **Lesiones en la región lumbar y sacra (L1-S5):** principalmente afectan al movimiento voluntario de las extremidades inferiores y al funcionamiento de las estructuras de control involuntario de la zona pélvica.

Cuando se produce una lesión en la médula espinal, puede desencadenarse una alteración temporal, conocida como **conmoción o *shock* medular,** caracterizado por una pérdida completa de las funciones motoras y sensitivas, con ausencia de reflejos en las áreas del cuerpo situadas por debajo de la lesión. Tiene duración variable y depende de cada caso. No es posible determinar con precisión el alcance de la pérdida funcional hasta transcurridas al menos unas 24-48 de la hora de la lesión, dependiendo el alcance inicial de esta.

También puede darse una entidad denominada ***shock* neurogénico,** la cual se manifiesta en lesiones ubicadas por encima de la vértebra T5. Este tipo de *shock* se origina por la interrupción del control del sistema nervioso simpático, lo que da lugar a una predominancia del sistema nervioso parasimpático. Esto afecta a la capacidad de los vasos sanguíneos para contraerse, lo que causa su dilatación y provoca numerosos síntomas vasculares.

El manejo prehospitalario que corresponde dar desde la ambulancia incluye asegurar la estabilización de la columna y el soporte inmediato de las funciones respiratorias y circulatorias. Todo movimiento innecesario del paciente debe evitarse para prevenir un daño secundario.

La administración de oxígeno suplementario, si es necesario, y el control de los signos vitales son medidas rutinarias esenciales. Se debe tener en cuenta la protección de las funciones internas mediante la regulación cuidadosa de la presión arterial, monitoreando posibles síntomas de *shock.*

7.4. Traumatismo craneoencefálico (TCE)

El **traumatismo craneoencefálico (TCE)** es un trastorno médico-quirúrgico que implica daño cerebral como resultado de un impacto traumático en la cabeza. Este puede sospecharse cuando se presenta al menos uno de los siguientes signos: pérdida de conciencia, amnesia relacionada con el evento, alteraciones neurológicas o neurofisiológicas, fracturas craneales o lesiones intracraneales tras el trauma. Las lesiones son consecuencia de fuerzas externas, que causan daño estructural al cerebro y a los vasos sanguíneos.

En cuanto a las causas, los accidentes de tráfico representan la principal fuente de TCE, especialmente en adultos jóvenes. Las caídas, por su parte, son más frecuentes en ancianos y niños. Además, el consumo de alcohol está presente en aproximadamente el 40 % de los casos graves, lo que lo convierte en un factor de riesgo significativo en esta patología.

El traumatismo craneoencefálico (TCE) se clasifica en **tres categorías principales,** dependiendo de la clínica del paciente y la puntuación obtenida en la escala de coma de Glasgow (GCS):

- **TCE leve:** 13 a 15 en la GCS. Los pacientes pueden experimentar clínica de dolor de cabeza, confusión breve o pérdida momentánea de conciencia.
- **TCE moderado:** 9 a 12 en la GCS. Es común observar alteraciones en la memoria, somnolencia y posibles déficits neurológicos temporales.

- **TCE grave:** 3 a 8 en la GCS. Indica un estado crítico. Los pacientes suelen estar inconscientes por períodos prolongados o en coma, con un alto riesgo de daño cerebral severo.

Aunque el paciente con TCE suele presentar multitud de signos y síntomas, dependiendo de la gravedad del cuadro, como mareo, dolor en el lugar del impacto, inestabilidad, etc., es importante conocer aquellos que tienen valor para sospechar **lesiones intracraneales,** como pueden ser los siguientes:

- Vómitos incoercibles, los llamados vómitos en escopeta (no van precedidos de náuseas)
- Posiciones de descerebración o decorticación
- Cefalea holocraneal intensa que no cede tras analgesia
- Otorragia (incluso con líquido cefalorraquídeo)
- Pérdida de consciencia
- Déficit neurológico
- Movimientos no habituales en los ojos (nistagmo) si estos no existían antes del TCE
- Cambios en las pupilas que no son reactivas a la luz
- Amnesia postraumática continua (anterógrada o retrógrada)
- Alteración del comportamiento (desorientación, agresividad, etc.)
- Crisis convulsivas
- Signo de Battle o signo de ojos de mapache positivo

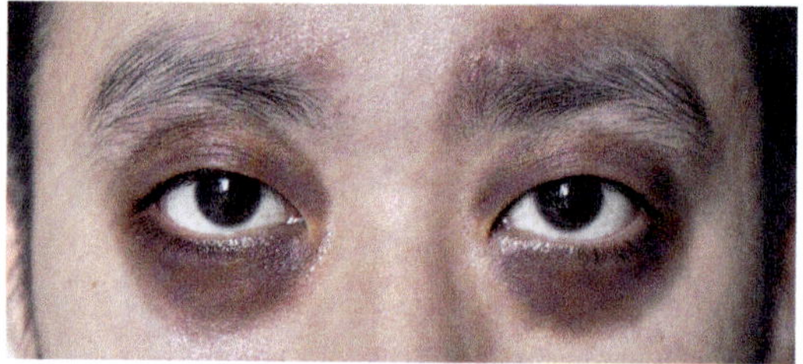

La equimosis periorbitaria o signo de los ojos de mapache indica posible fractura de la base del cráneo o hemorragia intracraneal.

7.5. Traumatismo de extremidades y pelvis

La lesión en una extremidad, aunque es frecuente en los pacientes traumatizados, en escasas ocasiones implica un riesgo vital inmediato. El traumatismo en la extremidad puede suponer un riesgo vital cuando provoca una hemorragia incontrolada, ya sea externa o interna. En cambio, la lesión en la pelvis tiene mayor peligrosidad y mortalidad, por los grandes vasos que aloja y el resto de los órganos y estructuras sensibles que la componen.

El primer paso es una inspección visual para identificar deformidades, hematomas, abrasiones, heridas abiertas o cualquier alteración evidente en el alineamiento de las extremidades. Debe realizarse una palpación cuidadosa para determinar la presencia de crepitación ósea, inestabilidad, dolor focal o cualquier signo de alteración en la anatomía normal. El examen debe incluir una evaluación neurovascular para detectar afectaciones vasculares o neurológicas, como pulso débil o ausente y alteraciones sensoriales.

Las fracturas de extremidades se dividen generalmente en cerradas y abiertas. Las fracturas abiertas, cuando el hueso atraviesa la piel, presentan un riesgo alto de infección y requieren atención inmediata. En la atención prehospitalaria, se prioriza el control de hemorragia mediante presión directa y ajuste cuidadoso de un vendaje estéril.

Fracturas de pelvis

Las fracturas pélvicas son críticas, debido a la complejidad anatómica y la cercanía de numerosas estructuras sensibles, como el tracto genitourinario y la vascularización del miembro inferior. Debido a la amplitud del espacio en el interior de la cavidad pélvica, es posible un sangrado abundante con escasos signos externos (de hecho, una fractura pélvica puede ser superior a 2.000 ml), debutando tardíamente como un *shock* hipovolémico.

En las fracturas de pelvis, el manejo prehospitalario depende del tipo de lesión y su gravedad. Por lo general, se utilizan inmovilizadores pélvicos, no férulas de tracción (estas últimas están indicadas en fracturas de fémur aisladas o distales a la pelvis).

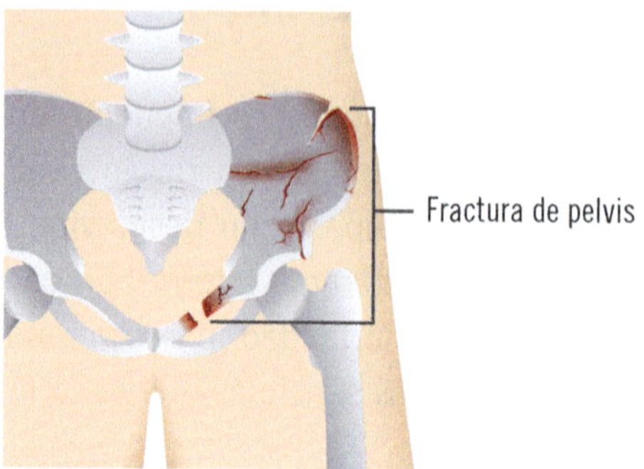

Zonas óseas pélvicas donde son habituales las fracturas

Recuerde

Una fractura de pelvis no es lo mismo que una fractura de cuello de fémur, aunque de manera coloquial se use el término *fractura de cadera* indistintamente para ambas entidades.

Fracturas óseas en huesos largos

Los huesos largos incluyen el fémur, la tibia, el peroné, el húmero, el radio y el cúbito. Estas fracturas son comunes en traumatismos (accidentes de tráfico, caídas) o por lesiones directas. Se clasifican en:

- **Fracturas cerradas:** no hay daño en la piel. La fractura se da en el interior de la estructura. Esto no quiere decir que no tengan su riesgo de complicación y que no necesiten para ser resueltas un tratamiento quirúrgico.
- **Fracturas abiertas:** hay exposición del hueso, que ha roto la piel en su salida hacia el exterior. Esto aumenta el riesgo de infección. Son candidatas a tratamiento quirúrgico.

- Complicaciones frecuentes:

  1. **Hemorragia interna:** especialmente en fracturas de fémur y tibia.
  2. **Lesiones vasculares o nerviosas:** riesgo de isquemia o déficit sensitivo/motor distal.
  3. **Síndrome compartimental:** aumento de presión en compartimientos musculares, lo cual compromete el riego sanguíneo y nervioso.
  4. ***Shock* hipovolémico:** por pérdida de sangre, más probable en fracturas de fémur y pelvis.

Aquí nuestro trabajo se reduce a usar férulas rígidas o de tracción, según el tipo de fractura que presente, manteniendo en su aplicación el eje anatómico del miembro, para no complicar el cuadro.

Rupturas de estructuras blandas y esguinces

Las rupturas de partes blandas y los esguinces son lesiones comunes que afectan a los ligamentos y al tejido blando que conecta y estabiliza las articulaciones. Aunque este tipo de lesiones no son inherentemente mortales, una ausencia de control y tratamiento adecuado puede prolongar el periodo de inmovilización e inhibir la función del miembro afectado. El manejo prehospitalario incluye la aplicación de hielo para reducir la inflamación y una inmovilización temporal para el traslado al centro hospitalario.

8. Connotaciones especiales del paciente traumatizado pediátrico, anciano o gestante

Cuando se aborda el tema del traumatismo, es imperativo considerar las connotaciones específicas que afectan a grupos poblacionales vulnerables, como los pacientes pediátricos, los ancianos y las gestantes. El tratamiento de estos pacientes exige una consideración especial, debido a sus características fisiológicas y anatómicas únicas, que pueden influir considerablemente en la presentación de sus lesiones, su diagnóstico y el manejo adecuado. A continuación, se explorarán las particularidades de cada grupo para entender mejor las exigencias clínicas que presentan durante la atención al traumatismo.

8.1. Paciente pediátrico

En el caso del paciente pediátrico, existen varias características que requieren una atención especial. En primer lugar, es importante entender que los niños no son simplemente adultos en miniatura. **Sus cuerpos presentan diferencias significativas,** como pueden ser:

- En cuanto a la proporción de las partes anatómicas, su cabeza es más grande en relación con el cuerpo, lo que incrementa el riesgo de lesiones craneales.
- Los huesos de los niños son más flexibles, lo que los hace menos propensos a fracturas si se les somete a la misma cantidad de fuerza que un hueso adulto. Sin embargo, esta flexibilidad también implica que las fuerzas traumáticas puedan transmitirse de manera interna, lo que aumenta el riesgo de daños a los órganos internos.
- La capacidad del cuerpo infantil para compensar el trauma es mayor que la de los adultos, lo que puede ocultar síntomas graves hasta que la condición esté avanzada. Esto significa que se debe realizar una evaluación exhaustiva, buscando signos sutiles de lesión.
- Otro aspecto crucial es el manejo del dolor en los niños, que a menudo se subestima. Es fundamental contar con estrategias efectivas para el manejo del dolor, tanto farmacológicas como no farmacológicas, adaptadas a la edad y las necesidades del niño.

8.2. Paciente anciano

Los pacientes ancianos son más vulnerables ante el trauma, debido a los cambios naturales que ocurren con el envejecimiento, que afectan a varios sistemas de su cuerpo.

Estos cambios los hacen más propensos a sufrir problemas como hipertensión, hipoxia secundaria a una fibrosis de los tejidos pulmonares (provocada por la propia degeneración del envejecimiento e influida notablemente por los malos hábitos) y fragilidad ósea, la cual es más común en la mujer, cuando esta se encuentra en la etapa postmenopáusica. La osteoporosis hace que sus huesos sean más débiles y susceptibles a fracturas, incluso con traumas leves.

Cuando se evalúa a un paciente anciano, es importante tener en cuenta ciertos **factores:**

- El envejecimiento puede afectar a la audición, la visión y la capacidad cognitiva, lo que hace que el paciente quizá no pueda comunicar adecuadamente sus síntomas ni comprender su gravedad.
- La mayoría de las personas ancianas toman varios medicamentos, lo cual puede complicar el tratamiento, porque lo que se le administre puede interactuar con la medicación basal o enmascarar algunos síntomas, haciendo que el diagnóstico y tratamiento sean más difíciles.
- En este rango de población, es también importante extremar la prevención, para poder evitar complicaciones como coágulos sanguíneos (tromboembolismo venoso), neumonía o el empeoramiento de enfermedades preexistentes. Por ello, se recomienda un enfoque especial en su movilización temprana y un seguimiento continuo de sus signos vitales.

8.3. Paciente gestante

El trauma durante el embarazo es una situación médica especial que involucra tanto a la madre como al bebé. Cuando ocurre un accidente o lesión en una mujer embarazada, no solo se debe cuidar a la madre, sino también al feto, ya que su bienestar depende en gran medida de la salud de la madre. Esto hace que el tratamiento sea más complejo y requiera un enfoque especial para evaluar y tratar a ambos de manera simultánea.

Durante el embarazo, el cuerpo de la mujer experimenta varios cambios, como un aumento del volumen sanguíneo y de la frecuencia cardíaca, y una reducción de la capacidad pulmonar, porque el diafragma se eleva. Estos cambios deben tenerse en cuenta a la hora de decidir cómo manejar una situación de trauma, ya que pueden influir en la forma en que el cuerpo responde al tratamiento.

Cuando ocurre un trauma, lo primero que se debe hacer es estabilizar a la madre. Esto es fundamental, ya que el estado de salud de la madre afecta directamente la cantidad de oxígeno y sangre que llega al feto. Entre las preocupaciones más importantes se encuentran el riesgo de desprendimiento prematuro de la placenta (cuando la placenta se separa de la pared del útero), o la ruptura del útero en casos de traumatismo abdominal grave. Además, se debe controlar la hemorragia, ya que las pérdidas de sangre pueden poner en peligro a ambos, madre y bebé.

Una vez que la madre está estabilizada, es importante monitorizar al feto, lo cual implica la colaboración de ginecología y matronas, ya que tienen la experiencia necesaria para manejar complicaciones en el embarazo.

9. Amputaciones

Las amputaciones traumáticas constituyen emergencias médicas que requieren una atención rápida y efectiva para prevenir hemorragias masivas y complicaciones secundarias. Según las recomendaciones de la ERC (Consejo Europeo de Resucitación) y la AHA (Asociación Americana del Corazón), el manejo prehospitalario de las amputaciones se centra en el control de la hemorragia, la estabilización del paciente y la conservación del segmento amputado, cuando sea posible.

En el caso de las amputaciones, la valoración que se realiza del paciente difiere un poco de la manera habitual de proceder:

1. **Evaluación inicial:** aplicar el enfoque C-ABCDE (control de hemorragias primero, luego vía aérea, respiración, circulación, discapacidad y exposición). Así se consiguen identificar hemorragias que pongan en peligro la vida como prioridad absoluta.
2. **Control del sangrado masivo**:
   - **Presión directa:** usar gasas o apósitos hemostáticos o compresas con presión constante en el lugar de la hemorragia.
   - **Torniquetes:** recomendados en amputaciones con hemorragias que no pueden controlarse con presión directa.
3. **Lo que se debe hacer con el miembro amputado:**
   - Lavar el segmento con solución salina estéril.
   - Envolver en gasas húmedas (no empapadas) estériles.

- Colocar en un recipiente hermético y luego en hielo (sin contacto directo con el hielo para evitar lesiones por frío).
- Es esencial etiquetar con la hora y circunstancias de la amputación.

También es relevante la analgesia y el manejo del dolor, ya que el dolor puede ser intenso, debido al daño neurológico que provoca la lesión.

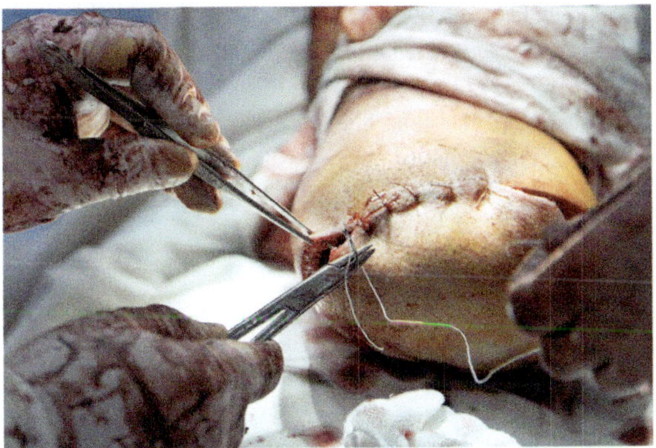

En muchas ocasiones, cuando no se puede reimplantar el miembro amputado, los cirujanos crean un muñón para poder en un futuro colocar una prótesis que permita al paciente ser más funcional.

Aplicación práctica

En una fábrica, un trabajador sufre una amputación parcial de la pierna debido a una maquina defectuosa. Al llegar el técnico de emergencias, el paciente está consciente, pero con evidente dolor y con sangrado abundante en el sitio de la amputación.

¿Qué pasos ha de seguir para resolver esta emergencia?

SOLUCIÓN

1. Evaluación inicial: hay que cerciorarse de que la maquinaria esté apagada y que no haya más peligros.
2. Valoración primaria y secundaria: se evalúa el estado del paciente: C-ABDE (por ser una hemorragia) y evaluación secundaria para prestar mejor asistencia.

Continúa en página siguiente >>

<< Viene de página anterior

3. Actuación frente a la amputación:

- Aplicación de torniquete: si la hemorragia es arterial y no puede ser controlada con vendajes, se aplica un torniquete proximal a la amputación.
- Vendaje compresivo: si la hemorragia es venosa o arterial de menor intensidad, se utiliza un vendaje compresivo firme sobre la herida.
- Recolección del fragmento amputado: se envuelve el miembro amputado en gasas estériles, en un envase hermético, para después llevarlo al hielo. Hay que recordar etiquetarlo con la información del paciente para posibles procedimientos de reimplantación.
- Prevención del *shock:* se debe mantener al paciente caliente, monitorizar signos vitales y proporcionar líquidos intravenosos si es necesario.

---

10. Explosión

Las explosiones son emergencias complejas que generan lesiones múltiples y diversas, lo que provoca distintos **tipos de lesiones:**

- Causadas por la onda expansiva, que afecta principalmente a los órganos huecos que contienen aire, como los pulmones y los oídos.
- Provocadas por fragmentos que producen heridas penetrantes.
- Resultantes del impacto al ser lanzada la víctima o aplastada por estructuras colapsadas.
- Incluyen quemaduras y daños por inhalación de humo o gases tóxicos.
- Relacionadas con la toxicidad añadida del elemento que provocara la explosión.

En estas situaciones el soporte debe ser rápido y organizado, ya que se deben enfrentar a desafíos en escenarios potencialmente inestables con múltiples víctimas.

Ante todo, **es esencial evaluar la seguridad de la escena,** certificando que no haya riesgos adicionales, como explosiones secundarias o materiales peligrosos, antes de proceder al triaje. Este proceso permite clasificar a los pacientes según la gravedad de sus lesiones, para lo cual se utilizan sistemas como START para priorizar la atención.

El control de hemorragias graves es la prioridad inicial, con el empleo de torniquetes o vendajes compresivos. A continuación, se debe asegurar la vía aérea, despejándola si es necesario mediante aspiración, especialmente en casos de trauma facial severo. En pacientes con dificultad respiratoria, se administra oxígeno y se evalúan lesiones torácicas graves.

La inmovilización adecuada de toda la columna vertebral es crucial durante el traslado para evitar daños neurológicos adicionales en lesiones por impacto. Finalmente, las quemaduras se tratan con apósitos estériles para prevenir infecciones y pérdida de calor, y las complicaciones por inhalación de humo o químicos se gestionan con urgencia. Este enfoque organizado mejora las posibilidades de supervivencia en situaciones críticas.

Importante

Es fundamental también considerar el impacto psicológico del evento en las víctimas y el equipo de emergencia. Se debe ofrecer apoyo emocional y planificar el cuidado postraumático.

11. Aplastamiento

Este es un término que describe **lesiones o traumas resultantes de la compresión severa de una parte del cuerpo,** generalmente por presión ejercida por un objeto de gran peso o fuerza. Este tipo de lesiones son especialmente comunes en entornos laborales industriales, en accidentes automovilísticos graves o durante desastres naturales como terremotos, cuando las estructuras colapsadas pueden atrapar y comprimir partes del cuerpo de las víctimas.

Desde el punto de vista fisiopatológico, las lesiones por aplastamiento pueden provocar una serie de **condiciones médicas riesgosas:**

- **Daño tisular directo:** puede causar daño físico directo a músculos, nervios y vasos sanguíneos en el área afectada. La ruptura de estos tejidos no solo conduce a debilitamiento estructural, sino también a pérdida de función, dependiendo de las partes del cuerpo involucradas. Las extremidades inferiores son las más frecuentemente comprometidas (74 %), seguidas de las extremidades superiores (10 %) y el tronco (9 %).
- **El síndrome de aplastamiento:** puede aparecer después de liberar la compresión, cuando el sistema circulatorio queda afectado. Es conocido también como *Crush Syndrome* o *síndrome de Bywaters*, y contempla el conjunto de complicaciones clínicas que suelen afectar a personas expuestas a compresiones mecánicas intensas en una parte del cuerpo o incluso en su totalidad. Estas lesiones generan un riesgo significativo de daño renal agudo, debido a la alteración de la circulación, lo que puede desencadenar un estado de *shock*. Pero abarca mucho más que el daño renal.

Ante este tipo de situación, se debe actuar de la siguiente manera:

- Antes de descomprimir:
    - Asegurar vías respiratorias y administrar oxígeno, preferiblemente mediante mascarilla de alto flujo o intubación.
    - Administrar líquidos intravenosos (IV) antes de retirar el objeto que causa el aplastamiento (especialmente si han pasado más de 4 horas).
    - Tratar acidosis metabólica (competencia del médico).
    - Descomprimir progresivamente la extremidad usando hipotermia localizada (hielo) o, si es necesario, aplicar un torniquete o realizar una amputación en casos extremos.
- Tras la descompresión:
    - Inmovilizar al paciente y continuar hidratación intravenosa por una segunda vía, para prevenir insuficiencia renal y eliminar toxinas.
    - Monitorizar constantes.
    - Cubrir heridas y evitar férulas neumáticas.

12. Vendajes

La habilidad de aplicar vendajes de manera correcta es fundamental en la atención inicial del paciente politraumatizado. Las funciones básicas de los vendajes son cubrir, proteger y sostener regiones del cuerpo afectadas por lesiones. Ofrecen no solo protección, sino también soporte y, en algunos casos, compresión controlada para minimizar el edema y reducir hemorragias. Esta técnica es esencial para prevenir infecciones, estabilizar heridas y asegurar una recuperación más efectiva.

12.1. Indicaciones del vendaje

Un vendaje es una técnica que se utiliza para envolver una parte del cuerpo con el propósito de:

- Cubrir lesiones de la piel.
- Inmovilizar lesiones en huesos o articulaciones.

Esto ayuda a aliviar el dolor y facilita el reposo necesario para que los tejidos se cicatricen adecuadamente.

El uso de los vendajes está indicado para diferentes situaciones:

- Fijar apósitos y medicamentos sobre heridas.
- Limitar el movimiento de la zona afectada para reducir el dolor.
- Sujetar férulas y evitar que se desplacen.
- Comprimir la zona lesionada para controlar la inflamación y el edema.
- Dar soporte a alguna parte del cuerpo.
- Favorecer el retorno venoso, ayudando a que la sangre regrese al corazón.
- Moldear partes del cuerpo, como los muñones tras una amputación.
- Proteger la piel para prevenir lesiones.
- Detener hemorragias.

El profesional de salud debe considerar factores como la presión del vendaje, el color y temperatura de la piel distal al vendaje para valorar la adecuada circulación sanguínea, y ajustarlo según las necesidades del paciente.

Recuerde

Según la ley de Laplace, al aplicar una venda con la misma tensión en dos circunferencias con distinto radio (tobillo y muslo, por ejemplo), cuanto menor es el radio de la circunferencia, mayor es la presión ejercida por el vendaje. Un vendaje demasiado apretado puede provocar isquemia sobre las extremidades, mientras que uno demasiado suelto puede no cumplir con su función estabilizadora.

12.2. Tipos de vendajes. Vendajes funcionales

Algunos de los diferentes tipos de vendajes que suelen ser usados son:

- **Vendaje contentivo o blando:** usado para contener el material de una cura o un apósito, proteger la piel de erosiones y sostener otra inmovilización (férulas). Sus complicaciones más frecuentes son la infección y la maceración de las heridas por utilizar vendajes no transpirables, lo que se puede evitar curando periódicamente la herida.

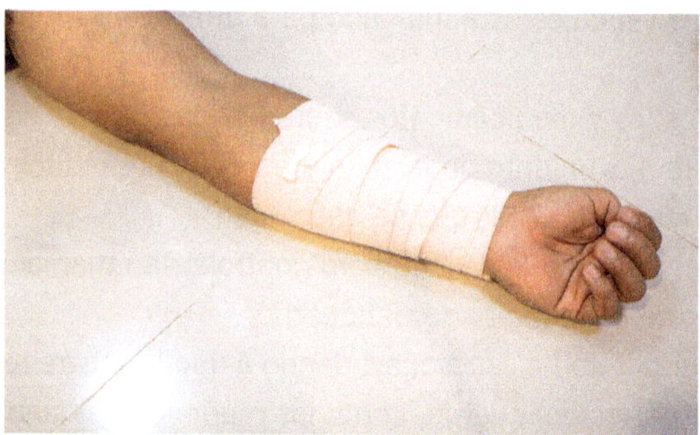

Vendaje contentivo en una herida del antebrazo

- **Vendaje compresivo:** es un vendaje bastante versátil, que se puede usar:

- Para ejercer una compresión progresiva a nivel de una extremidad, de la parte distal a la proximal, con el fin de favorecer el retorno venoso.
- Para limitar el movimiento de alguna articulación, en el caso de esguinces, luxaciones, etc.
- Como método hemostático.
- Para evitar la inflamación y el edema postraumático.

Nota

El tipo de vuelta que se debe elegir en este tipo de vendaje es la vuelta en espiga y la venda más utilizada, la de crepé.

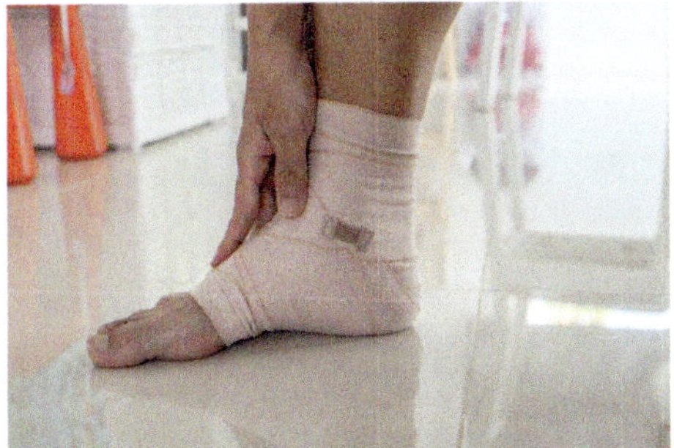

Vendaje compresivo en una lesión traumática de la articulación del tobillo derecho

- **Vendaje funcional:** realiza una inmovilización selectiva de la articulación afectada, permitiendo cierto grado de movilidad en aquellas estructuras músculo-tendinosas no lesionadas. Se pretende limitar y disminuir los movimientos que producen dolor, con la idea de reducir el período de inmovilización. Sirven en situaciones muy amplias, como:

- **Lesiones deportivas:** son útiles para estabilizar las áreas lesionadas mientras se permite un grado de movilidad necesario para el entrenamiento o juego.
- **Prevención de lesiones:** sobre todo en personas con historial de lesiones en ciertas áreas, los vendajes funcionales proporcionan un soporte preventivo. Este uso preventivo ayuda a minimizar el riesgo de recurrencia de las lesiones.
- **Lesiones articulares:** esguinces o inestabilidad en las articulaciones como las de los tobillos, las muñecas y las rodillas son tratadas frecuentemente con vendajes funcionales. Estos permiten mantener la funcionalidad básica de la extremidad, ayudando en actividades diarias sin comprometer la recuperación.

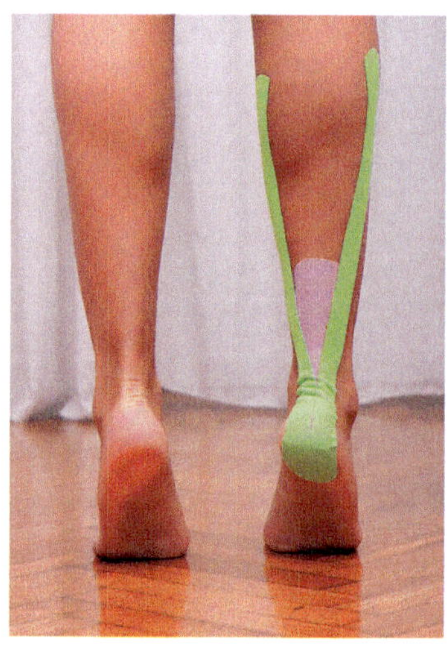

Vendaje funcional con kinesiotaping

12.3. Técnicas de vendaje

Mientras que en el subapartado anterior se ha tratado sobre los diferentes tipos de vendaje y su funcionalidad, en este el enfoque se pondrá en el desarrollo de las técnicas fundamentales que deben emplearse para aplicar adecuadamente un vendaje.

Al comenzar con un vendaje, es crucial asegurarse de que el área afectada esté limpia y desinfectada. Mantener el área libre de cuerpos extraños y contaminantes ayuda a prevenir infecciones y facilita la cicatrización del tejido lesionado.

Vendaje circular

Uno de los vendajes más básicos y utilizados es el vendaje circular, útil para zonas como los brazos y las piernas. Se debe poner la venda alrededor de la extremidad, asegurando cada vuelta superponiendo aproximadamente la mitad del ancho del vendaje sobre la anterior. Este método se utiliza principalmente para fijar apósitos en su lugar con una presión uniforme:

1. Se comienza anclando la venda con una vuelta completa en la parte inferior de la herida o el apósito.
2. Hay que asegurarse de que cada vuelta sucesiva refuerce el vendaje y mantenga una tensión uniforme, para evitar el deslizamiento.
3. Se finaliza la técnica asegurando el extremo de la venda con esparadrapo o un cierre metálico, siempre verificando que la circulación no se vea comprometida.

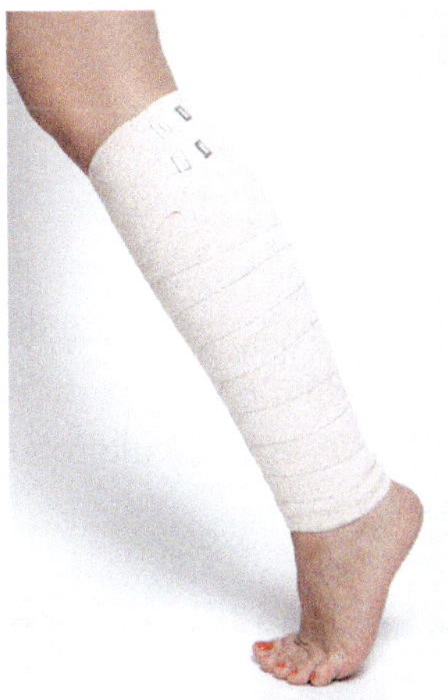

Vendaje circular

Vendaje en espiral

El vendaje en espiral es ideal para cubrir áreas largas y no completamente uniformes del cuerpo. En este caso, la venda cubre los 2/3 de la vuelta anterior y se sitúa algo oblicua al eje de la extremidad. Para realizarlo, se siguen los siguientes pasos:

1. Se comienza anclando el vendaje en un segmento adecuado por debajo del área que requiere soporte.
2. Hay que proceder en diagonal, superponiendo cada vuelta a la anterior en aproximadamente dos tercios a la mitad del ancho de la venda.
3. A continuación, se desliza gradualmente en dirección ascendente o descendente según sea necesario, adaptándose al contorno del miembro.
4. Al final se asegura el extremo de la venda de manera similar a la técnica de vendaje circular.

Vendaje en espiral

Vendaje en espiga

El propósito de este vendaje es ejercer compresión y favorecer el retorno venoso en la zona que tratar. Para aplicarlo, se emplea la misma técnica que el vendaje en espiral, pero con la particularidad de retroceder en cada giro, superponiendo las vueltas:

1. Hay que iniciar con una vuelta circular, para anclar la venda por encima o por debajo de la articulación.
2. Se lleva la venda en dirección diagonal por encima de la zona a vendar.
3. Al llegar al extremo opuesto, se invierte el sentido de la venda en una "X" sobre la articulación.

4. Se continúa cruzando la zona lesionada, superponiendo cada aplicación en cruz sobre la anterior de manera uniforme, con una tensión adecuada, pero sin entorpecer la circulación sanguínea.
5. Finalmente, se asegura adecuadamente el extremo, manteniendo el vendaje firme.

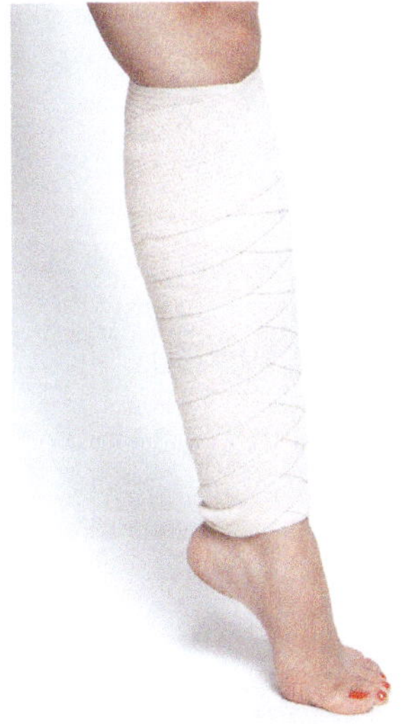

Vendaje en forma de espiga

Vendaje recurrente

El vendaje recurrente es particularmente útil en heridas o situaciones en las que es necesario cubrir dedos, pies, cabezas o cualquier otra parte que requiera una cobertura cerrada. Se realiza siguiendo los siguientes pasos:

1. Al comienza se fija la venda con varias vueltas circulares alrededor de la base de la zona que cubrir (por ejemplo, el muñón, la cabeza o la base del dedo). Estas vueltas deben quedar firmes, pero no demasiado apretadas.
2. Se lleva la venda hacia arriba o hacia abajo de la zona, cubriendo longitudinalmente el área que proteger. Por ejemplo, en un muñón lleva la venda desde la base hacia el extremo y luego hacia atrás.
3. Se invierte la dirección de la venda, llevándola de regreso al punto de partida. Hay que asegurarse de que la venda quede plana y ajustada,

evitando pliegues. Se siguen estos pasos hasta terminar de cubrir toda la zona.

4. Una vez cubierta toda la zona, se fija la venda con varias vueltas circulares alrededor de la base o en un lugar adecuado para asegurar que el vendaje no se deslice.

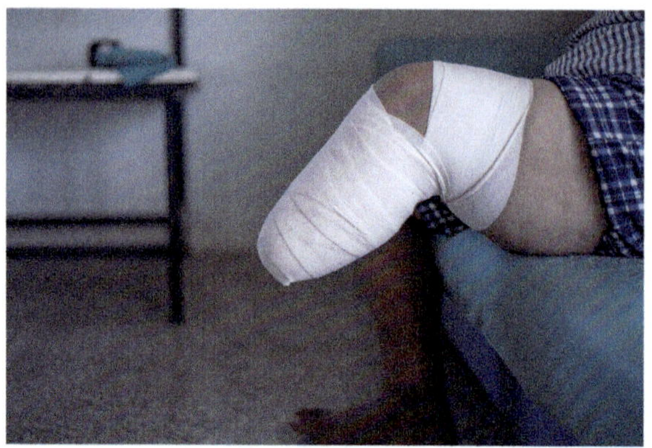

Vendaje recurrente en muñón tras amputación

13. Cuidado y manejo de lesiones cutáneas

Las lesiones cutáneas son comunes en pacientes politraumatizados. Estas lesiones pueden variar desde abrasiones menores hasta quemaduras graves y heridas penetrantes. El cuidado adecuado de estas lesiones es crucial para prevenir complicaciones, promover la cicatrización y mejorar el pronóstico del paciente.

13.1. Control de hemorragias

Las hemorragias no solo representan una pérdida aguda de sangre, sino que pueden comprometer de manera significativa la vida del paciente si no se controlan de manera eficiente y oportuna. Atender una hemorragia de forma práctica y sistemática es un componente central del soporte vital básico y debe ser una prioridad inmediata al evaluar a un paciente en un escenario de trauma.

Como el lector ya tiene ciertos conocimientos del capítulo anterior, en el apartado de hemostasia, el objetivo ahora es comprender qué son las hemorragias y cuáles son sus diferentes formas.

Clasificación según la localización de la sangre

Las hemorragias se pueden clasificar como **externas** o **internas** según el lugar donde se acumula o sale la sangre tras la ruptura de los vasos sanguíneos. Esta distinción es crucial, ya que determina el manejo y la gravedad del problema:

1. **Hemorragias externas:** cuando la sangre sale del cuerpo a través de una herida en la piel o por orificios naturales. La cantidad de sangre perdida puede variar según el tipo de vaso afectado (arterial, venoso o capilar).
2. **Hemorragias internas:** cuando la sangre se acumula dentro del cuerpo, en tejidos, cavidades u órganos, sin salir. Se puede sospechar de su existencia con clínica como dolor, inflamación, hematomas, palidez, debilidad, mareo, pulso débil o incluso pérdida de conciencia.

Clasificación según el vaso sanguíneo afecto

1. **Hemorragia arterial:** proviene de las arterias, que son los vasos que transportan sangre oxigenada desde el corazón hacia los tejidos. La sangre es de color rojo brillante debido a su alto contenido de oxígeno. Sale de forma pulsátil, siguiendo los latidos del corazón.
2. **Hemorragia venosa:** proviene de las venas, que son los vasos que transportan la sangre desoxigenada desde los tejidos de vuelta al corazón. La sangre es de color rojo oscuro, ya que contiene menos oxígeno. Fluye de manera continua y uniforme, sin pulsaciones.
3. **Hemorragia capilar:** de los capilares, que son vasos sanguíneos diminutos responsables del intercambio de nutrientes y gases entre la sangre y los tejidos. El sangrado es lento y superficial, similar a un goteo. Suele detenerse espontáneamente gracias al proceso de coagulación.

Clasificación de hemorragias internas exteriorizadas

Las hemorragias también se pueden clasificar según el lugar o el orificio del cuerpo por donde sale la sangre.

1. Otorragia: sangrado que proviene del oído.
2. Epistaxis: sangrado que proviene de las fosas nasales.
3. Hemoptisis: expulsión de sangre a través de la tos, proveniente de las vías respiratorias bajas (pulmones, tráquea, bronquios).
4. Hematemesis: vómito con sangre, proveniente del tracto digestivo superior (esófago, estómago).
5. Melenas: heces de color negro y aspecto alquitranado debido a la presencia de sangre digerida, lo que indica sangrado en el tracto digestivo.
6. Rectorragia: sangrado de color rojo brillante proveniente del recto o el colon.
7. Metrorragia: sangrado uterino anormal, fuera del periodo menstrual.
8. Hematuria: presencia de sangre en la orina.

13.2. Limpieza de heridas

La limpieza de heridas representa un paso crucial dentro del manejo inicial de pacientes politraumatizados. Este procedimiento no solamente se centra en prevenir infecciones, sino que también prepara la herida para posibles procedimientos quirúrgicos y facilita una cicatrización óptima.

Las heridas, en general, y más aún de la extensión y características que se pueden encontrar en las emergencias traumatológicas, están expuestas a bacterias y otros microorganismos que pueden causar infecciones graves. Si no se limpian adecuadamente, estas infecciones pueden complicar la recuperación del paciente y, en casos graves, causar septicemia. Una limpieza cuidadosa es clave para reducir riesgos y garantizar una buena evolución del paciente.

Los pasos básicos para limpiar una herida son los siguientes:

- Antes de limpiar, se examina cuidadosamente la herida para determinar su estado:
  - Grado de contaminación: ¿está muy sucia o tiene objetos extraños?
  - Profundidad y localización: ¿cómo de profunda es? ¿Qué tejidos están afectados?
  - Signos de infección: enrojecimiento, hinchazón o secreción sospechosa.

- Preparación para la limpieza:
  - Se usan guantes, mascarilla si fuera necesario y materiales estériles.
  - Hay que tener a mano todo lo necesario: solución salina, gasas estériles, jeringas para irrigación y apósitos.
  - Se debe trabajar en un entorno lo más limpio posible.

- Métodos que se pueden usar:
  - Irrigación: es el método más común. Consiste en lavar la herida con solución salina estéril usando una jeringuilla, o con el bote cuando estos son de monodosis. Se aplica una presión suave pero firme para limpiar, ya que una presión muy alta puede dañar el tejido y una muy baja puede no ser efectiva. También se ha de evitar frotar con las gasas y más de manera aleatoria en cualquier dirección: se limpia a toques y de dentro hacia afuera.
  - Desbridamiento: habitual por parte del personal de enfermería. Este procedimiento se realiza en heridas con tejido muerto o restos visibles. En emergencias, el desbridamiento mecánico es el más usado.

Nota

No extraiga objetos grandes o profundamente incrustados, ya que podrían provocar hemorragias graves.

13.3. Desinfección de heridas

La desinfección de heridas es un paso esencial en el cuidado de los pacientes con lesiones. Después de limpiar correctamente la herida, el siguiente objetivo es reducir la cantidad de bacterias y microorganismos, para prevenir infecciones que puedan complicar la recuperación.

La desinfección elimina o inhibe estos microorganismos, ayudando a que la herida cicatrice de forma segura y rápida (lo único que no consigue es la eliminación de esporas, que lo estudiarás en otra unidad formativa más adelante).

Los productos que se pueden usar son:

- **Clorhexidina:** es un antiséptico utilizado en heridas para prevenir infecciones, pues elimina las bacterias y otros microorganismos que pueden contaminar la zona. Es eficaz en el tratamiento de heridas superficiales, cortes, abrasiones y quemaduras leves, ya que ayuda a mantenerlas limpias, con lo que se reduce el riesgo de complicaciones. Sin embargo, no debe aplicarse en heridas profundas, abiertas o de gran extensión, ya que podría ser irritante o retrasar la cicatrización en ciertos casos. Tampoco se recomienda su uso prolongado, ya que puede alterar la microbiota natural de la piel y provocar reacciones adversas como irritación o hipersensibilidad.
- **Povidona yodada:** es un antiséptico ampliamente utilizado para la desinfección de heridas, debido a su capacidad para eliminar bacterias, hongos, virus y otros microorganismos, con lo que ayuda a prevenir infecciones. Es adecuada para desinfecciones de un campo quirúrgico (piel sana), heridas superficiales, cortes, etc., con lo que facilita un entorno

limpio que promueve la cicatrización. Sin embargo, no debe aplicarse en heridas profundas o extensas, ya que su absorción puede afectar la función tiroidea, especialmente en niños, mujeres embarazadas o personas con trastornos tiroideos. Su uso está totalmente desaconsejado en personas alérgicas al yodo.

Los pasos que seguir para desinfectar la herida son los siguientes:

1. Se necesitarán guantes, gasas estériles y el antiséptico elegido (clorhexidina o povidona yodada).
2. Hay que aplicar el antiséptico con cuidado: se humedece primero una gasa con la solución antiséptica. Se limpia la herida, siempre desde el centro hacia afuera, favoreciendo que no entre suciedad dentro de la herida, y evitando así que alguna zona quede sin desinfectar. No es necesario frotar con fuerza, ya que se puede causar daño al tejido sano circundante, o dañar el nuevo que se esté creando.
3. Se debe poner especial atención a las reacciones adversas a la cura: si se nota enrojecimiento excesivo, picazón o irritación, se detiene el uso del antiséptico y se limpia de nuevo la herida. Hay que comunicarlo al servicio médico y, si es necesario, derivar al paciente a un centro de salud para que la enfermera se haga cargo de la herida.
4. Una vez desinfectada, se cubre la herida con un apósito estéril para evitar que nuevas bacterias se depositen en la herida abierta.

13.4. Cuidado de lesiones cutáneas por frío o calor

El manejo inicial de las lesiones cutáneas causadas por frío o calor es una habilidad clave. La piel, como barrera principal del cuerpo contra el ambiente, puede dañarse gravemente por la exposición a temperaturas extremas, lo que requiere una intervención rápida y adecuada. Estas lesiones, comunes en pacientes politraumatizados, se dividen principalmente en dos tipos: lesiones por frío (como la congelación) y lesiones por calor (como las quemaduras).

Lesiones por frío o congelación

La congelación ocurre cuando las temperaturas extremadamente bajas dañan los tejidos de la piel. Afectan normalmente a áreas como los dedos, la nariz y las orejas. Los primeros signos incluyen entumecimiento, piel pálida y sensación de rigidez.

Los pasos que se deben seguir son:

- Se traslada al paciente a un lugar cálido, no excesivamente caliente, para protegerle de las temperaturas frías extremas.
- Se aplica calor de manera gradual: se usa para ello principalmente la manta térmica y se suministran líquidos intravenosos calientes (competencia del personal médico y de enfermería). Si no se cuenta con medios, se puede tapar al paciente o sumergir la zona afectada en agua tibia, que se irá calentando paulatinamente cada media hora. Es importante no masajear ni frotar la piel congelada, ya que esto puede agravar la lesión.
- Hay que evitar un nuevo enfriamiento, asegurarse de que el área lesionada no vuelva a exponerse al frío, ya que esto puede empeorar el daño.

Lesiones por calor o quemaduras

Las quemaduras, causadas por la exposición al calor, se clasifican según su profundidad en tres grupos: de primer grado, de segundo y de tercero. Su gravedad depende de la extensión de la piel afectada, la profundidad del daño y la localización.

Los pasos que se deben seguir son:

- Se enfría la zona afectada: se aplica agua templada, que se irá enfriando progresivamente sobre la quemadura durante unos minutos. También se puede usar suero. Esto ayuda a reducir el daño y aliviar el dolor, y a regular la temperatura de la piel. Generalmente es válido para quemaduras de primero y segundo grado. Nunca se usa hielo en una quemadura por calor.
- Hay que proteger la herida: después del enfriamiento, se cubre la quemadura con apósitos estériles y no adherentes, para prevenir infecciones y minimizar el dolor.

14. Resumen

El manejo inicial del paciente politraumatizado es fundamental en el soporte vital básico, ya que busca estabilizar al paciente, reducir el impacto de las lesiones y aumentar sus posibilidades de supervivencia. Este proceso comienza con la evaluación y el control de la escena, asegurando un entorno seguro para el paciente y el equipo de atención. Una vez garantizada esta seguridad, se realiza una valoración primaria para identificar lesiones que amenazan la vida y estabilizarlas de inmediato, seguida de una valoración secundaria más detallada para detectar lesiones menos evidentes.

La atención incluye el tratamiento de lesiones traumáticas específicas, como traumatismos torácicos, abdominales, craneoencefálicos, raquimedulares y de extremidades, adaptando las intervenciones a las características de cada tipo de lesión. También se tienen en cuenta las particularidades de pacientes pediátricos, geriátricos o embarazadas, ajustando los procedimientos a sus necesidades.

El cuidado de las heridas y el control de hemorragias son aspectos clave, integrando prácticas de limpieza, desinfección y vendaje, junto con la atención a lesiones causadas por frío o calor. En casos más complejos, como amputaciones, explosiones o aplastamientos, se requiere un manejo especializado para minimizar las complicaciones.

La combinación de una evaluación sistemática, técnicas adecuadas y un enfoque adaptado a las necesidades del paciente permite una intervención efectiva en los momentos críticos, lo que garantiza el mejor pronóstico posible en situaciones de trauma severo.

Ejercicios de repaso y autoevaluación

1. **Indique si la siguiente oración es verdadera o falsa:**

   "Durante la valoración primaria de un paciente politraumatizado, la prioridad es identificar y tratar lesiones que pongan en riesgo inmediato la vida".

   - ☐ Verdadero
   - ☐ Falso

2. **En la biomecánica del trauma, la __________ es clave para entender cómo las lesiones ocurren en el cuerpo.**

3. **¿Cuál de las siguientes NO es una prioridad en la valoración inicial del paciente politraumatizado?**

   a. Controlar las hemorragias severas
   b. Abrir y controlar la vía aérea
   c. Aplicar técnicas avanzadas de diagnóstico por imagen
   d. Efectuar una comprobación neurológica

4. **Relacione cada tipo de traumatismo con su característica principal:**

   a. Traumatismo torácico
   b. Traumatismo abdominal
   c. Traumatismo craneoencefálico
   d. Traumatismo de extremidades y pelvis

   __ Puede comprometer órganos vitales como el hígado o el bazo.
   __ Hay riesgo de hemorragia interna y fracturas múltiples.
   __ Está asociado a alteraciones de la conciencia y aumento de la presión intracraneal.
   __ Puede generar neumotórax o hemotórax.

5. **¿Cuál o cuáles de las siguientes técnicas son esenciales para el manejo de heridas en un paciente traumatizado?**

    a. Limpiar de la herida.
    b. Aplicar un torniquete para hemorragias menores.
    c. Desinfectar adecuadamente.
    d. Cubrir la herida con un apósito estéril.

Capítulo 3

Atención inicial a las urgencias y emergencias cardiocirculatorias y respiratorias

Contenido

1. Introducción
2. Síntomas y signos clínicos propios de patología cardiovascular
3. Principales patologías cardiocirculatorias
4. Síntomas y signos clínicos propios de la patología respiratoria aguda
5. Principales patologías respiratorias
6. Actuación sanitaria inicial en patología cardiocirculatoria aguda
7. Actuación sanitaria inicial en la patología respiratoria aguda
8. Resumen

1. Introducción

La atención inicial a las emergencias cardiocirculatorias y respiratorias es clave en el soporte vital básico. Estas emergencias son frecuentes y pueden afectar tanto a personas con enfermedades crónicas como a individuos sanos ante un evento súbito. Reconocer rápida y correctamente los síntomas permite una intervención temprana y mejora las posibilidades de recuperación.

Los síntomas más comunes, como dolor torácico, palpitaciones, disnea, síncope y alteraciones de la presión arterial, actúan como señales de advertencia. Estas pueden indicar patologías graves, como síndrome coronario agudo, insuficiencia cardíaca o tromboembolismo pulmonar. Identificar y manejar estos signos de manera eficaz no solo ayuda en el tratamiento inmediato, sino que también facilita la coordinación con otros profesionales y la movilización de los recursos adecuados.

Por ejemplo, ante un paciente con dolor torácico repentino, un profesional capacitado puede sospechar un síndrome coronario agudo, iniciar medidas como oxigenoterapia o medicamentos específicos y estabilizar al paciente hasta que sea trasladado.

La preparación y la práctica continua son esenciales. Hacer simulaciones y formarse periódicamente permite a los profesionales actuar con rapidez y precisión en los momentos críticos, salvando vidas. La atención inicial a estas urgencias requiere no solo conocimiento teórico, sino también habilidad para actuar bajo presión.

2. Síntomas y signos clínicos propios de patología cardiovascular

Las enfermedades cardiovasculares representan una de las principales causas de morbilidad y mortalidad a nivel mundial, por lo que su reconocimiento temprano es crucial para una atención efectiva. Saber identificar los síntomas y los signos clínicos asociados con las patologías cardiovasculares es esencial para la identificación temprana y el correcto manejo de estas condiciones en un contexto de emergencia.

2.1. Dolor torácico

El dolor torácico es un síntoma que puede identificar multitud de patologías de diversa índole, lo cual dificulta identificar cuál es la causa que lo está provocando. Algunas de ellas son:

- **Dolores similares, orígenes distintos:** muchas estructuras corporales comparten fibras nerviosas que convergen en el mismo nivel de la médula espinal. Por eso hay dolores de origen diferente, como el coronario y el esofágico, que pueden sentirse de manera muy parecida.
- **Diversidad en la gravedad:** un mismo tipo de dolor puede deberse a una causa inofensiva o potencialmente mortal.
- **Intensidad del dolor frente gravedad:** la intensidad con la que una persona percibe el dolor no siempre está relacionada con la seriedad del problema que lo causa.
- **Múltiples causas posibles:** encontrar una causa del dolor no siempre significa que sea la única. En algunos casos, pueden coexistir varios problemas simultáneamente.

Para abordar adecuadamente el dolor torácico, es crucial que el personal de soporte vital básico esté capacitado para una rápida valoración y clasificación del dolor. Esto permite instaurar el tratamiento adecuado y, de ser necesario, realizar una rápida derivación a un centro hospitalario especializado.

Hay varias **características** clave que ayudan a entender el origen de un dolor torácico:

- **Localización e irradiación del dolor:** depende de dónde se localice y si se irradia o no, da pistas sobre dónde puede estar su origen. En un caso habitual en las emergencias que son los eventos cardiacos, estos provocan dolor de tipo opresivo (losa en el pecho), que habitualmente se irradia hacia el lado izquierdo, la espalda o el estómago, dependiendo de la cara del corazón que esté afectada.
- **Intensidad y duración del dolor:** la intensidad del dolor puede ser ambigua, pero la duración sí puede dar señales para orientar el origen. Por ejemplo, si se tiene el dolor descrito en el punto anterior, que no cede durante más de 15 min, es más probable que corresponda a patología

aguda y grave (ya sea cardiaca o pulmonar); si dura menor tiempo, encaja más con patología más controlable, como la angina de pecho.

- **Cómo describe el paciente el dolor:** la forma en que se describe el dolor es relevante, también para orientarnos. Pueden ser:
    - **Opresivo:** común en problemas cardíacos.
    - **Punzante:** relacionado con problemas pulmonares o de la pleura.
    - **Ardiente:** suele asociarse a problemas digestivos, como el reflujo.

Muchas veces, el dolor varía con el movimiento y alivia o empeora con determinadas posiciones. Por ejemplo, un dolor que aparece con esfuerzo o estrés y mejora con descanso puede indicar angina. Si el dolor se reduce en posición genupectoral, puede indicar una pericarditis. Si empeora con la respiración profunda, puede ser de origen respiratorio, muscular, etc.

En el dolor torácico, se debe ser prudente, hacer una buena anamnesis, revisar la historia clínica y si hay episodios previos similares, registrar constantes y hacer todas las pruebas complementarias necesarias al alcance para orientar lo mejor posible el origen del dolor, prestando así una atención eficiente.

2.2. Palpitaciones

Las palpitaciones son una sensación desagradable del latido cardiaco, acompañadas de notar un vuelco en el pecho. No tienen por qué corresponderse con una taqui o bradicardia, pueden darse con un ritmo cardiaco totalmente normal. Aparecen en diferentes contextos: reposo, ejercicio, estrés, etc.

Pueden tener diferentes **causas:**

- **Problemas en el ritmo del corazón:** a veces el corazón presenta movimientos no rítmicos, lo que provoca estas palpitaciones. Algunos se corresponden con arritmias más serias (fibrilación auricular, taquicardia supraventricular, etc.) y otros eventos más benignos (extrasístoles ventriculares).
- **Ansiedad y estrés:** las palpitaciones son una manifestación somática de la ansiedad, entre muchas otras.

- **Toma de estimulantes:** algunas sustancias que se consumen pueden acelerar el ritmo del corazón: el café, el té, la nicotina, etc.; incluso alguna medicación de venta libre, como los antihistamínicos, puede provocar estos síntomas.
- **Hormonas:** patologías como el hipertiroidismo pueden hacer que el corazón lata más rápido. También ocurre en la época de la posmenopausia en la mujer, acompañando a los sofocos, debido a la vasodilatación brusca que estos conllevan.
- **Deficiencias nutricionales/hídricas:** elementos como el potasio, el magnesio, el calcio y el sodio, en menor o mayor medida, pueden afectar a la conducción cardiaca, tanto en exceso como en defecto.

2.3. Taqui o bradicardia

La **taquicardia** ocurre cuando el corazón late más rápido de lo habitual. Los valores de referencia según la edad son:

- Bebés (0-12 meses): 100-160 lpm
- Niños (1-10 años): 70-120 lpm
- Adolescentes y adultos: 60-100 lpm

Cuando se superan los límites superiores, se habla de taquicardia. Se debe tener en cuenta que este número es una estimación sacada de la estadística, que cada persona es diferente, por lo que los médicos también consideran otros factores para evaluar cada caso.

La **bradicardia** ocurre cuando el corazón late más lento de lo habitual. Sin embargo, no siempre es algo malo. Por ejemplo, los atletas entrenados suelen tener un ritmo más lento debido a que su corazón es muy eficiente.

Esto es un problema cuando se dan los siguientes cuadros:

- Mareos
- Sensación nauseosa
- Niebla mental

- Sensación de debilidad
- Síncopes

Es decir, en todos aquellos casos en los que tener el pulso demasiado bajo dé una clínica que dificulte llevar a cabo las actividades básicas de la vida diaria, generando una discapacidad al paciente.

2.4. Hiper e hipotensión arterial

La **tensión arterial** es la fuerza que ejerce la sangre contra las paredes de las arterias mientras el corazón bombea. Se mide en milímetros de mercurio (mmHg) y tiene dos componentes:

- **Presión sistólica:** es la presión máxima cuando el corazón está en contracción para expulsar la sangre de las cavidades del corazón.
- **Presión diastólica:** es la presión mínima cuando el corazón está en reposo/dilatado para permitir la entrada de la sangre en las cavidades del corazón.

Los valores de tensión arterial normales varían según la edad y el estado de salud, pero para adultos sanos se consideran entre 120/80 mmHg.

Hay **hipertensión arterial** cuando los valores de presión son consistentemen te elevados. Se clasifica en:

- Hipertensión de grado 1: sistólica entre 130-139 mmHg o diastólica entre 80-89 mmHg.
- Hipertensión de grado 2: sistólica mayor o igual a 140 mmHg o diastólica mayor o igual a 90 mmHg.

Importante

En casos extremos, los valores de 180/120 mmHg o más se consideran una crisis hipertensiva, lo que requiere atención médica inmediata.

La **hipotensión arterial** es una presión anormalmente baja, generalmente por debajo de 90/60 mmHg. Aunque puede no causar problemas en personas sanas, puede ser preocupante si provoca síntomas como mareo, desmayos o fatiga, ya que indica que el cuerpo no está recibiendo suficiente flujo de sangre.

Estadio	**Sistólica (mmHg)**	**Diastólica (mmHg)**
Normal	< 120	< 80
Elevada	120-129	< 80
Hipertensión grado 1	130-139	80-89
Hipertensión grado 2	≥ 140	≥ 90
Hipotensión	< 90	< 60

2.5. Disnea de origen cardiaco

La **disnea,** definida como una sensación subjetiva de dificultad respiratoria, no es una enfermedad en sí misma, sino un síntoma que puede aparecer en diferentes afecciones, muchas veces relacionadas con problemas del corazón. En las emergencias sanitarias, reconocer la disnea de origen cardiaco es crucial y si no se actúa a tiempo se puede poner en peligro la vida del paciente.

La **disnea de origen cardiaco** se origina porque el corazón y los pulmones trabajan en una sinergia continua. Por lo tanto, cuando el corazón no funciona correctamente, se altera este equilibrio. Esto ocurre especialmente cuando falla el lado izquierdo. El corazón no puede bombear suficiente sangre, por lo que la presión en los vasos sanguíneos pulmonares (venas y arterias pulmonares) va a aumentar, lo cual provocará que se filtre líquido al tejido pulmonar. Esto dará lugar a un cuadro llamado edema agudo de pulmón, el cual, a su vez, deriva en que el intercambio de gases en los pulmones se haga de manera deficitaria.

Existen varias enfermedades del corazón que pueden provocar esta disnea:

- Insuficiencia cardiaca (la más habitual)
- Valvulopatías
- Miocardiopatías
- Arritmias

Al abordar la disnea de origen cardiaco, la evaluación inicial debe incluir una obtención meticulosa de la historia clínica y un examen físico exhaustivo. Los antecedentes de cardiopatía previamente diagnosticada, hipertensión, enfermedad valvular u otros factores de riesgo cardiovasculares son indicativos importantes en este contexto.

2.6. Signos de hipoperfusión

La **hipoperfusión** ocurre cuando el flujo de sangre hacia los tejidos y órganos del cuerpo es insuficiente para satisfacer sus necesidades de oxígeno y nutrientes. Esto puede llevar a un mal funcionamiento celular y, si no se corrige, a la isquemia y muerte de los tejidos.

El cuerpo muestra varias señales de alerta cuando no está recibiendo suficiente sangre. Estos signos pueden variar según la gravedad y la causa subyacente. Los más comunes son:

- Signos cardiovasculares:
    - Pulso rápido (taquicardia)
    - Presión arterial baja (hipotensión)
    - Pulsos periféricos débiles o ausentes

- Signos cutáneos:
  - Piel pálida, fría y húmeda, a causa de la vasoconstricción
  - Llenado capilar lento (superior a 2 seg)
- Signos respiratorios:
  - Respiración rápida (taquipnea)
  - Disnea
- Signos neurológicos:
  - Confusión o letargo
  - Pérdida de consciencia
- Otros:
  - Oliguria (disminución de la cantidad de orina)

Detectar la hipoperfusión a tiempo es crucial, ya que su progresión puede llevar al fallo multiorgánico o incluso a la muerte. Por eso, los técnicos en emergencias sanitarias deben estar atentos a estos signos y actuar rápidamente para estabilizar al paciente.

3. Principales patologías cardiocirculatorias

Las patologías cardiocirculatorias son un conjunto de enfermedades que afectan el correcto funcionamiento del corazón y de los vasos sanguíneos. Comprender estas patologías es crucial para poder identificar y proporcionar una atención inicial eficiente ante situaciones de urgencia y emergencia.

3.1. Síndrome coronario agudo

El síndrome coronario agudo (SCA) hace referencia a un conjunto de condiciones en las que el suministro de oxígeno al corazón se ve súbitamente afectado, debido a una obstrucción aguda de una o varias de las arterias coronarias, lo que puede poner en riesgo la vida del paciente.

Aunque la causa principal del SCA es la ateroesclerosis, también puede tener otros **orígenes:**

- **Causas no ateroscleróticas:** por ejemplo, el espasmo coronario.
- **Causas no coronarias:** situaciones como la hipotensión severa o la hipertensión grave, la taquicardia, la anemia severa o la miocardiopatía hipertrófica (muy habitual esta última en deportistas de alto rendimiento) o problemas en las válvulas cardiacas.
- **Lesiones miocárdicas no isquémicas:** incluyen la miocarditis, traumatismos en el corazón, etc.
- **Causas multifactoriales:** como la sepsis, el tromboembolismo pulmonar o la insuficiencia cardiaca grave, que pueden actuar en combinación.

Los pacientes con SCA pueden clasificarse en grupos según lo que se encuentre en ellos al hacer un electrocardiograma. A continuación, se exponen de mayor a menor gravedad:

- **SCA con elevación persistente del segmento ST (SCACEST):** este síndrome es el que más habitualmente deriva en un infarto agudo de miocardio (IAM), o más concretamente IAMCEST (infarto con elevación del complejo ST). Se asocia con una oclusión total y aguda de una arteria coronaria, lo cual provoca una isquemia en el músculo cardiaco, que es lo que da lugar, en ausencia de tratamiento precoz, a la muerte del tejido (necrosis).
- **SCA sin elevación persistente del segmento ST (SCASEST):** aunque el dolor torácico es significativo, no hay una elevación persistente del segmento ST a la hora de hacer el electrocardiograma. También puede derivar en un infarto.
- **Angina inestable:** en este cuadro, por lo general no se obstruye de forma completa ninguna arteria coronaria, sino parcialmente, por lo tanto no se produce necrosis del músculo cardiaco. Aunque da más margen de actuación, no quiere decir que por sí mismo no sea un cuadro grave, ya que puede derivar en un IAM en cualquier momento.

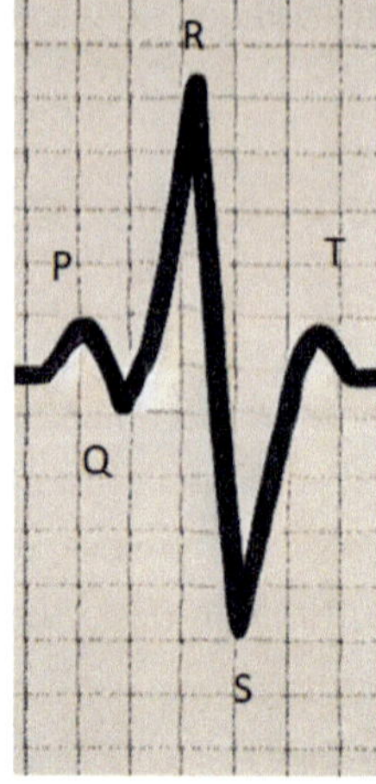

Trazo de un electrocardiograma de una persona sana, con sus distintas ondas identificadas

Importante

Un electrocardiograma es muy complejo de interpretar, ya que cada onda tiene su correlación con las fases de la actividad cardiaca del corazón. Además, cada derivación que se obtiene al hacerlo se corresponde con el corazón visto desde diferentes caras, por lo que la posición de las ondas puede variar y entrar dentro de la normalidad.

La presentación clínica del SCA puede variar considerablemente entre individuos, pero lo habitual es que incluya **dolor opresivo** en el pecho, que puede irradiarse al brazo izquierdo, el cuello, la mandíbula o la espalda. Este dolor es típicamente súbito y puede estar acompañado de otros síntomas, comúnmente denominados **cortejo vegetativo:** sudoración profusa, náuseas, vómitos, etc. También puede referir el paciente disnea y sensación de "muerte inminente". Es importante recordar que, aunque estos síntomas son clásicos, **las presentaciones atípicas son frecuentes** y pueden dificultar el diagnóstico clínico, como por ejemplo las mujeres, los ancianos y los pacientes diabéticos pueden no experimentar el dolor torácico clásico, sino más bien un malestar digestivo diferente a otros sentidos previamente.

Ante un posible SCA, se debe llevar a cabo la siguiente actuación:

- Evaluar constantes tan relevantes como el pulso, la tensión arterial, la saturación de oxígeno (SpO_2). Reevaluar constantemente y actuar en consecuencia.
- Realizar anamnesis (dónde duele, cómo duele, hacia dónde va el dolor, otra clínicy preguntar por historia clínica en busca de medicación para la HTA, arritmias, diabetes, consumo de medicación psiquiátrica (aumenta el riesgo de SCA a largo plazo), hábitos nocivos (alcohol, tabaco, abuso de sustancias) y eventos cardiacos anteriores.
- Traslado al centro sanitario correspondiente y comunicación con el equipo médico por si el cuadro empeorase. Si el paciente entra en parada cardiorrespiratoria, comenzar RCP con el DESA.

Aplicación práctica

Un hombre de 55 años está en su oficina y comienza a sentir un dolor opresivo en el pecho que se irradia hacia su brazo izquierdo. El dolor ha persistido durante 20 minutos y se acompaña de sudoración y dificultad para respirar. El paciente refiere antecedentes de hipertensión arterial no controlada y es fumador desde hace más de 20 años. Tiene una Sp02 de 91 % y una tensión arterial de 140/90.

¿Por dónde debe usted empezar la asistencia? ¿Qué sospecha tiene? ¿Cómo actuaría?

SOLUCIÓN

Siempre se comienza por una valoración inicial, que en este caso va a dar los siguientes resultados:

- A (vía aérea): el paciente está consciente y puede hablar, lo que indica que la vía aérea está permeable.
- B (respiración): presenta disnea leve con una frecuencia respiratoria de 22 rpm. Al comprobar constantes en este aspecto, se obtiene una saturación de oxígeno al 91 % en aire ambiente.
- C (circulación): piel fría y sudorosa, pulso rápido (120 lpm) y presión arterial de 140/90 mmHg.

Continúa en página siguiente >>

<< Viene de página anterior

Una vez realizada la valoración inicial, se han de seguir los siguientes pasos para estabilizar al paciente y conseguir que el equipo médico llegue para prestar una asistencia avanzada, ya que se sospecha, por la clínica y constantes, que puede estar debutando con un SCA:

- Colocar al paciente en reposo: sentado en posición *semifowler*, para mejorar su comodidad y facilitar la respiración.
- Activar el sistema de emergencias: notificar al centro coordinador y solicitar una unidad de soporte vital avanzado (SVA). Proporcionar toda la información recogida (clínica, constantes, antecedentes).
- Oxigenoterapia: administrar oxígeno suplementario pautado por la central de coordinación, con gafas nasales o mascarilla para alcanzar una saturación >94 %.
- Reevaluar constantemente: observar evolución del dolor torácico y monitorizar las constantes vitales regularmente mientras se espera al equipo avanzado.

3.2. Trastornos del ritmo cardiaco

El concepto de **trastorno del ritmo cardiaco o arritmia** se refiere a cualquier alteración en la secuencia regular de los latidos del corazón. Definido de otra manera, es la situación en la que existe un ritmo cardiaco distinto al sinusal (ritmo cardiaco normal).

Ritmo cardiaco normal

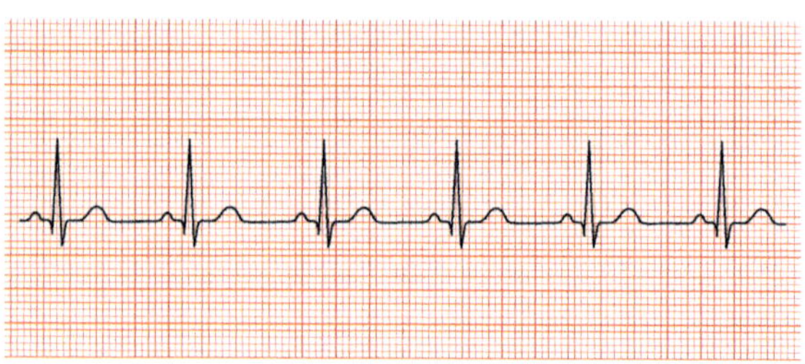

Electrocardiograma con un ritmo sinusal normal, es decir, una actividad cardiaca normal en una persona sana.

A continuación, se exponen algunos ejemplos de las arritmias que de forma más habitual se puede encontrar en situaciones extrahospitalarias.

Taquicardia y bradicardia sinusal

Como vimos anteriormente, son dos ritmos: que están por encima (taquicardia) y por debajo (bradicardia) y la actividad cardíaca normal (sinusal). No tienen por qué ser graves en sí mismos, pero sí que son signos de que algo no está funcionando correctamente.

Bradicardia sinusal

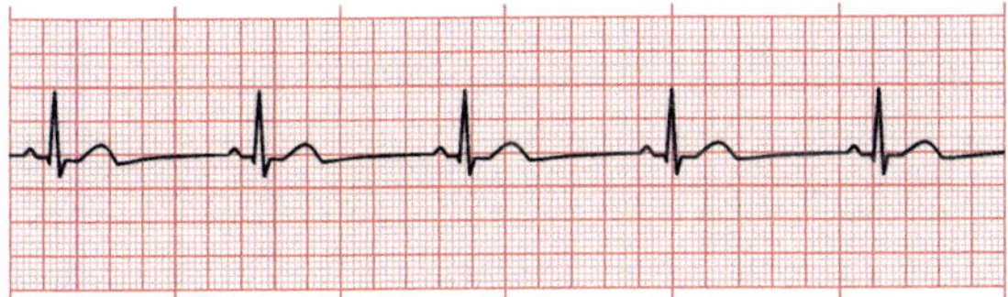

Taquicardia sinusal

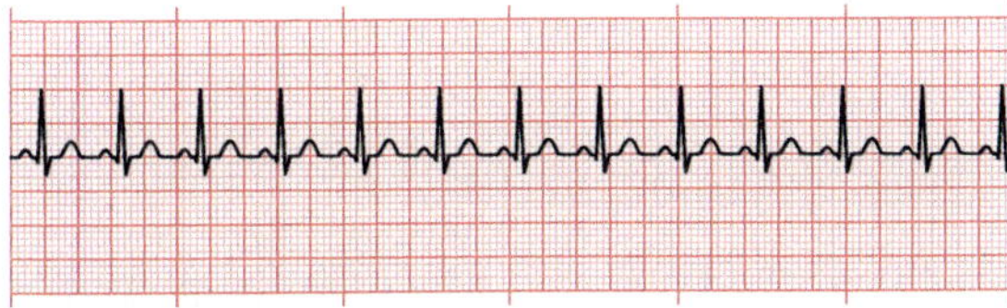

Taquicardia ventricular

Es una arritmia originada en los ventrículos del corazón. Se caracteriza por un ritmo cardíaco rápido y regular. No es lo mismo que una taquicardia sinusal, la cual no es patológica.

Así mismo se puede encontrar, dentro de las taquicardias ventriculares, la **taquicardia ventricular sin pulso (TVSP),** cuando el corazón late tan rápido que no es capaz de generar un flujo sanguíneo efectivo, por lo que no se detecta pulso en el paciente. Es una emergencia médica que requiere maniobras de resucitación cardiopulmonar (RCP) y desfibrilación precoz para revertirse.

Taquicardia ventricular

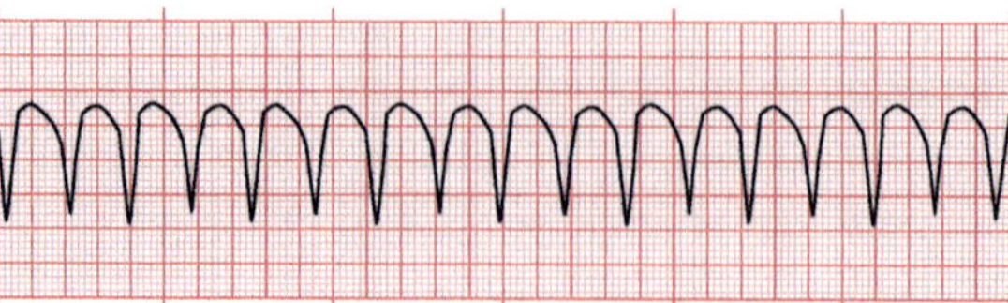

Taquicardia supraventricular

Es un grupo de arritmias que tienen su origen por encima de los ventrículos, generalmente en las aurículas o en el nodo auriculoventricular. Se caracteriza por un ritmo rápido, pero regular, que supera los 100 latidos por minuto. A menudo no es tan peligrosa como la taquicardia ventricular, aunque puede provocar síntomas como mareos, dificultad para respirar y malestar en el pecho.

Taquicardia supraventricular

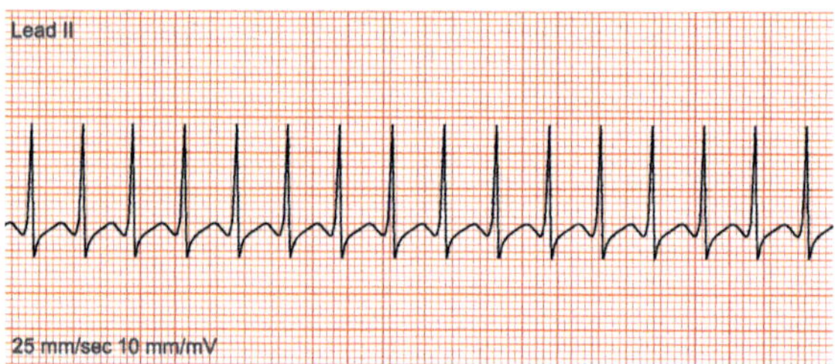

Importante

La taquicardia ventricular sin pulso (TVSP) y la fibrilación ventricular (FV) son las dos arritmias que detecta el DESA, ya que son las que son potencialmente reversibles por medio de una desfibrilación temprana.

Fibrilación ventricular

Es una arritmia extremadamente grave que se produce cuando las células del ventrículo izquierdo comienzan a disparar impulsos eléctricos de manera desorganizada. Esto provoca que el ventrículo no pueda contraerse de forma coordinada, lo que impide que el corazón bombee sangre. La FV es una causa principal de paro cardíaco y requiere intervención inmediata con una desfibrilación precoz.

Fibrilación ventricular

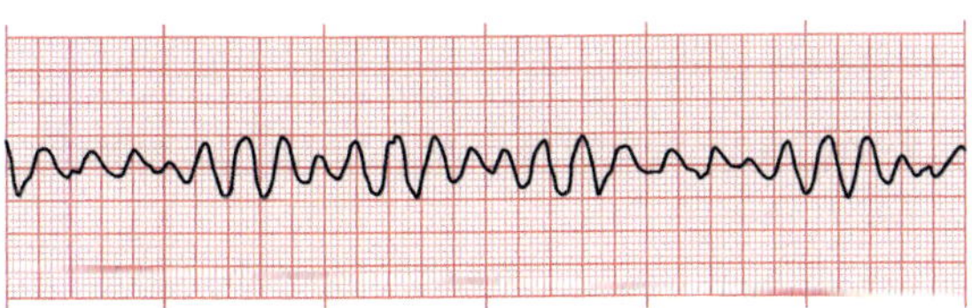

Fibrilación auricular

Se caracteriza por una actividad eléctrica desorganizada en las aurículas del corazón, lo que provoca que estas se contraigan de forma irregular y muy rápida. Esto puede llevar a una frecuencia ventricular variable y no controlada. La FA aumenta el riesgo de accidente cerebrovascular y puede causar palpitaciones, fatiga y dificultad para respirar.

Fibrilación auricular

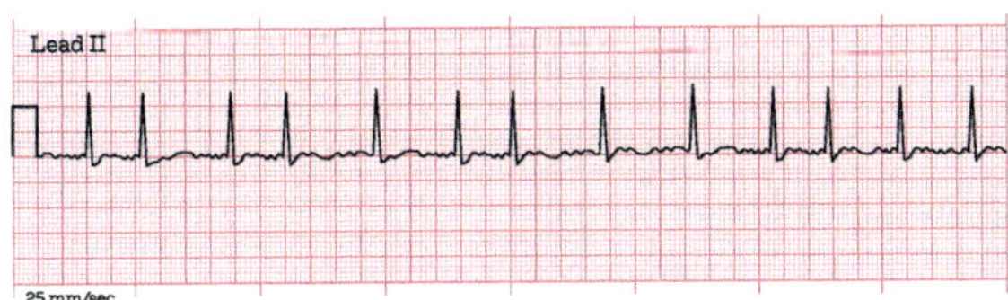

Asistolia

No es una arritmia en sí, sino la ausencia de actividad cardiaca por parada completa del corazón. No es una situación desfibrilable y requiere otros protocolos de actuación que corresponden al soporte vital avanzado. Si como sanitario usted se encuentra esta situación, debe iniciar inmediatamente las maniobras de RCP.

Asistolia

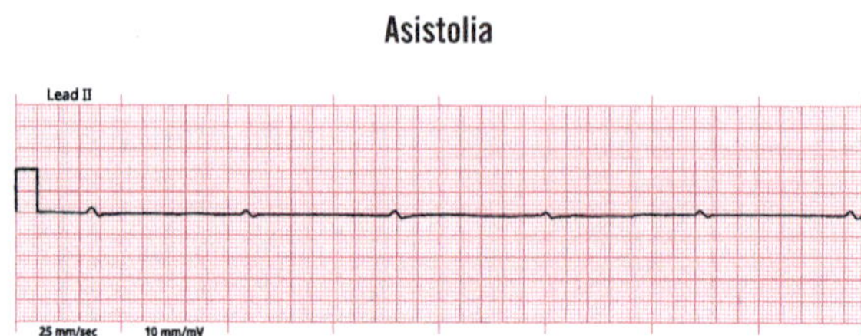

3.3. Insuficiencia cardiaca aguda. Edema agudo de pulmón

La insuficiencia cardiaca aguda (ICA) y el edema agudo de pulmón (EAP) son dos condiciones graves que suelen estar relacionadas y requieren atención médica inmediata.

La **insuficiencia cardiaca aguda (ICA)** es el fallo cardíaco producido bien por la aparición rápida de una insuficiencia cardiaca (lo bien por el empeoramiento de una IC crónica. Ocurre cuando el corazón no puede bombear sangre de manera eficiente. Esto puede suceder por varias razones, como el SCA que se acaba de ver, arritmias o crisis hipertensivas, entre otros.

Hay que recordar que el corazón tiene la tarea de distribuir la sangre a todo el cuerpo. Cuando este proceso se ve interrumpido, se produce un cuadro clínico secundario a disfunción ventricular izquierda que cursa con un aumento de presión en los vasos pulmonares, lo cual provoca un aumento del contenido líquido en el intersticio y los alveolos pulmonares. Esto desemboca en un **edema agudo de pulmón (EAP).**

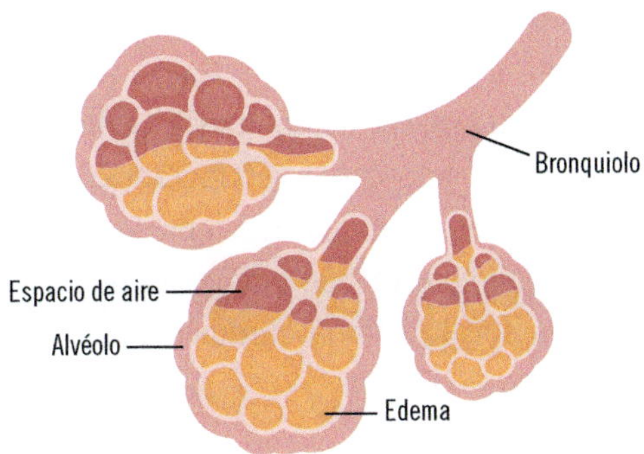

Situación de los alveolos en el EAP. Gran parte de ellos se llenan de líquido, con lo que queda poco espacio para el aire. Esto reduce entonces el intercambio gaseoso.

La clínica más habitual del EAP incluye: dificultad para respirar, que aparece de repente (disnea), especialmente cuando la persona se acuesta (ortopnea); tos con esputo espumoso; cianosis y sudoración excesiva. Los pacientes también pueden sentirse muy cansados/fatigados. Al hacer un examen físico, los médicos pueden escuchar ruidos respiratorios denominados crepitantes.

El tratamiento se enfoca en estabilizar al paciente y tratar la causa de fondo. El pronóstico depende de la rapidez con que se identifique y trate el problema. Muchos de ellos necesitarán un monitoreo cercano y un tratamiento especializado en las primeras horas.

La actuación que se debe llevar a cabo ante la sospecha de un EAP es:

- Evaluar constantes tan relevantes como el pulso, la tensión arterial, la saturación de oxígeno (SpO_2). Reevaluar constantemente y actuar en con secuencia, administrando oxígeno según paute el personal facultativo.
- Realizar anamnesis y preguntar por la historia clínica en busca de medicación para la HTA o diuréticos, toma de corticoides inhalados u otros broncodilatadores, hábitos nocivos (tabaco principalmente), si ha orinado bien en las últimas horas/días, diagnósticos de patologías relacionadas con el EAP, etc.

Traslado al centro sanitario correspondiente y comunicación con el equipo médico, por si el cuadro empeorase.

3.4. Síncope

El síncope es una pérdida brusca, completa y transitoria de la consciencia y el tono muscular con rápida y espontánea recuperación. Esta condición es una de las urgencias más comunes a las que los profesionales de la salud deben enfrentarse en la práctica clínica, ya que puede ser un indicador temprano de disfunciones subyacentes en el sistema cardiovascular. Por tanto, exige una atención rápida y minuciosa.

Puede darse una situación llamada presíncope, en la que se dan una serie de signos y síntomas que alertan al paciente:

- Alteraciones visuales (visión borrosa, visión en túnel, moscas).
- Disminución del nivel de consciencia de grado variable que puede o no progresar a síncope .
- Sensación de mareo y sensación nauseosa.

En la práctica clínica se puede usted encontrar con diferentes **tipos de síncope:**

- **Síncope vasovagal:** es el tipo más común. Generalmente no está relacionado con una enfermedad grave del corazón. Suele suceder cuando el cuerpo reacciona de manera exagerada ante ciertos estímulos, como el estrés, el dolor o el miedo. El cuerpo responde bajando la presión arterial, lo que reduce el flujo sanguíneo al cerebro y provoca el desmayo. Por ejemplo, imagina que estás en el consultorio del médico y, al ver la aguja de la inyección, te sientes mareado y pierdes el conocimiento. Eso es un síncope vasovagal.
- **Síncope de origen cardiaco:** este tipo de síncope está relacionado con problemas en el corazón. Pueden ser arritmias valvulopatías o enfermedades como la insuficiencia cardiaca. Cuando el corazón no puede bombear la sangre de manera eficiente, el cerebro no recibe suficiente oxígeno, lo que puede causar el síncope. Por ejemplo, una persona con una arritmia cardíaca severa, como una taquicardia supraventricular, puede desmayarse debido a que el corazón no late con la fuerza suficiente para enviar sangre al cerebro.

- **Síncope ortostático:** este síncope ocurre cuando una persona se pone de pie demasiado rápido, lo que provoca una caída brusca y transitoria de la presión arterial. El cuerpo no reacciona lo suficientemente rápido para compensar el cambio de posición, lo que provoca el síncope.
- **Síncope de origen neurológico:** este tipo de síncope es menos frecuente. Está relacionado con problemas en el sistema nervioso que afectan el flujo de sangre al cerebro. Trastornos como las migrañas o las convulsiones pueden reducir temporalmente el flujo sanguíneo al cerebro y provocar el desmayo.

Ante una situación de síncope, se debe llevar a cabo la siguiente actuación:

- Se coloca al paciente en posición lateral de seguridad (PLS) mientras dure el episodio. Actualmente no se aconseja elevar las piernas para mejorar el retorno de la sangre hacia el cerebro, ya que no hay suficiente evidencia científica de que sea útil. Puede incluso que empeore otros cuadros.
- Se monitorean las constantes vitales: el pulso, la tensión arterial, la SpO_2, etc. de manera recurrente, actuando de la manera que corresponda.
- Hay que trasladar al paciente al centro sanitario correspondiente para estudiar la causa que ha provocado el síncope.

3.5. Hipertensión

La **hipertensión** es una condición médica crónica en la que la fuerza que ejerce la sangre contra las paredes de las arterias se mantiene persistentemente elevada. Esto obliga al corazón a trabajar más de lo normal para bombear la sangre hacia el resto del cuerpo.

No siempre tiene una causa identificable, pero puede ser consecuencia de múltiples factores que afectan el funcionamiento normal del sistema cardiovascular. Las causas principales se dividen en dos categorías:

- **Hipertensión primaria o esencial:** es la forma más común y no tiene una causa específica. Se desarrolla gradualmente a lo largo de los años debido a una combinación de factores como:

- **Predisposición genética.**
- **Estilo de vida poco saludable:** el consumo excesivo de sal, glutamato, azúcares, alimentos procesados, etc., junto con el sedentarismo y el sobrepeso contribuyen al desarrollo de esta condición.
- **Factores psicológicos:** el estrés mantenido en el tiempo y la falta de una gestión adaptativa de las emociones pueden desencadenar aumentos en la presión arterial.

- **Hipertensión secundaria:** es menos frecuente y aparece como resultado de otra enfermedad o condición subyacente, como:

  - **Trastornos renales:** la insuficiencia renal puede alterar el equilibrio de líquidos y electrolitos, elevando la presión arterial.
  - **Problemas hormonales:** algunas enfermedades, como el hipertiroidismo, el síndrome de Cushing o los tumores de las glándulas suprarrenales pueden provocar hipertensión.
  - **Uso de medicamentos o sustancias:** algunos medicamentos, como los antiinflamatorios o los anticonceptivos hormonales, así como el consumo de sustancias, pueden provocar hipertensión.

La **crisis hipertensiva** se define como la elevación aguda de la presión arterial. No existe consenso unánime en el punto de corte en las cifras a partir de las cuales se considera que hay una crisis de este tipo, así que la guía será la Sociedad Europea de HTA cardiovascular del 2018, que las sitúa en PAS ≥ 180 mmHg y PAD ≥110 mmHg.

La clínica que se puede encontrar es de cefalea intensa que no cede con analgesia habitual, mareos, confusión dolor torácico, alteraciones de la visión, disnea, sensación nauseosa/vómitos, anuria u oliguria... Todo dependerá del órgano que resulte afectado.

3.6. Tromboembolismo pulmonar

El tromboembolismo pulmonar (TEP) es una complicación grave de la trombosis venosa profunda (TVP). Ambas forman parte de una misma enfermedad, conocida como enfermedad tromboembólica venosa (ETV).

El TEP ocurre cuando un coágulo de sangre (trombo), que se origina comúnmente en las venas profundas de las piernas, se desprende y viaja por el torrente sanguíneo hasta llegar a las arterias de los pulmones. Allí, este trombo bloquea el flujo sanguíneo, lo que provoca una isquemia y la subsiguiente necrosis, si no se trata a tiempo.

Las manifestaciones clínicas del tromboembolismo pulmonar (TEP) son poco específicas, y eso complica su identificación. Algunas de las más habituales y que pueden orientar hacia una sospecha son:

- **Disnea**: el síntoma más frecuente. Generalmente es de inicio súbito.
- **Dolor torácico**: el paciente suele describirlo como un dolor punzante asociado a la respiración (pleurítico) o una sensación de opresión en el pecho.
- **Hemoptisis**: es menos habitual, pero también se puede encontrar en un TEP.
- **Síncope o *shock:*** aparecen en los casos más graves, denominados actualmente TEP de alto riesgo (antes conocido como TEP masivo).

Ante la sospecha de un TEP, se debe actuar de la siguiente manera:

- Evitar mover al paciente o hacerlo lo menos posible. Mantenerle semisentado e inmóvil hasta la llegada al hospital, impidiendo así que el trombo se mueva y empeore la situación clínica.
- Monitorizar constantes: pulso, respiración, SpO_2, tensión arterial, etc. Administrar oxígeno según pautas del servicio médico y necesidades del paciente.
- Realizar anamnesis (cómo empezó la disnea, cuándo, si lo relaciona con alguna actividad, etc.) y revisar la historia clínica en busca de discapacidad que mantenga al paciente encamado, como coagulopatías, cirugías recientes, diabetes, medicación anticoagulante, diagnósticos previos de enfermedades vasculares o cardiacas, etc.
- Trasladar al hospital correspondiente para que reciba tempranamente la atención médica necesaria, que muchas veces consta de la administración controlada de heparina y oxigenoterapia, lo que puede variar en casos más graves.

3.7. *Shock*

El ***shock*** es una emergencia médica grave que se produce cuando el flujo sanguíneo es insuficiente para garantizar el buen funcionamiento de los órganos y tejidos del cuerpo. Este problema puede aparecer en una variedad de situaciones médicas, por lo que es importante entender los diferentes tipos de *shock,* sus características y cómo abordarlos.

Shock hipovolémico

Este tipo de *shock* se produce cuando el cuerpo pierde una cantidad significativa de líquidos, lo que reduce el volumen sangre/plasma circulante y, en consecuencia, la cantidad de sangre que el corazón puede bombear.

En estos casos, el paciente suele presentar la siguiente clínica: la piel se vuelve fría, pálida y sudorosa; hay cianosis, taquicardia e hipotensión, por la dificultad que supone mantener la tensión arterial con tan poco líquido.

La actuación inicial debe centrarse en detener la causa de la pérdida de líquidos o sangre, como controlar una hemorragia. También es vital reponer el volumen perdido mediante líquidos intravenosos y, si es necesario, considerar una transfusión sanguínea en casos graves. Todo esto bajo la orden y mando facultativo.

Shock cardiogénico

El *shock* cardiogénico tiene su origen en un fallo del corazón, que pierde su capacidad de bombeo, ya sea por cuadros como un IAM u otros como miocardiopatías graves.

Los pacientes con *shock* cardiogénico suelen presentar la siguiente clínica: hipotensión severa acompañada de edema pulmonar, disnea, piel fría y pálida por la baja perfusión tisular, y una disminución del nivel de consciencia debido a hipoxia cerebral por la falta de sangre.

El tratamiento incluye estabilizar al paciente mientras se aborda la causa subyacente. Esto puede implicar el uso de medicamentos que mejoren la fuerza de contracción del corazón, así como técnicas quirúrgicas o vasculares si fuera necesario. Son tratamientos más avanzados que requieren de personal facultativo.

Shock distributivo

El *shock* distributivo se caracteriza por una distribución anormal de la sangre en el organismo, debido principalmente a una vasodilatación excesiva, la cual deriva en un cuadro de hipotensión. Las **formas más comunes de este tipo de *shock*** son:

- El *shock* séptico sucede a causa de una infección grave, la cual desencadena una respuesta inflamatoria masiva, muchas veces inmunomediada, que daña los vasos sanguíneos y provoca que estos transvasen líquido a los tejidos, lo que genera un cuadro caótico que desemboca en un fallo multiorgánico.
- Por otro lado, el *shock* anafiláctico ocurre durante una reacción alérgica severa. Algunas sustancias, como la histamina, causan una vasodilatación brusca, que provoca hipotensión y además la creación de un edema generalizado, lo cual impide la correcta ventilación. Puede acabar en parada cardiorrespiratoria.

Importante

En ambos casos el tratamiento debe ser inmediato.

Shock obstructivo

Este tipo de *shock* ocurre cuando algo impide físicamente la correcta circulación de la sangre por el sistema arterial y venoso. Las causas más comunes incluyen el neumotórax a tensión, el taponamiento cardíaco y la embolia pulmonar masiva.

La clínica suele variar dependiendo de la causa, pero en general el paciente puede presentar signos de insuficiencia respiratoria, dolor torácico o colapso hemodinámico. La prioridad en estos casos es eliminar la obstrucción.

4. Síntomas y signos clínicos propios de la patología respiratoria aguda

Las enfermedades respiratorias agudas representan un desafío significativo en el contexto de las urgencias médicas, debido a la rapidez con la que pueden comprometer la vida del paciente. El reconocimiento temprano de sus síntomas y signos clínicos es crucial para una intervención inmediata y efectiva.

4.1. Disnea

La disnea, también conocida como dificultad para respirar, es un síntoma que refiere el paciente cuando tiene una sensación incómoda de falta de aire. Puede variar desde una ligera molestia al respirar hasta una intensa sensación de ahogo u opresión en el pecho. Suele generar mucha angustia en los pacientes.

Los pacientes la suelen describir con expresiones como:

- "Siento que no puedo llenar mis pulmones de aire".
- "Tengo la sensación de que me estoy ahogando".
- "Es como si me apretaran el pecho".

Estas descripciones reflejan que, aunque es algo automático, la respiración puede volverse consciente y difícil cuando algo no funciona bien en el sistema respiratorio.

Entre las **causas** más frecuentes están:

- **Infecciones respiratorias:** neumonía, bronquitis o infecciones virales en el tracto respiratorio superior (faringe y laringe).
- **Obstrucciones:** un cuerpo extraño en la vía aérea o una reacción anafiláctica.

- **Enfermedades crónicas respiratorias:** el EPOC (enfermedad pulmonar obstructiva crónica), el asma, la hipertensión pulmonar, la fibrosis quística, etc.
- **Problemas cardiacos:** la insuficiencia cardíaca como se ha visto anteriormente, que da lugar secundariamente a un edema agudo de pulmón.

Desde el enfoque del soporte vital básico, es fundamental realizar intervenciones sencillas pero eficaces que pueden marcar una gran diferencia en el estado del paciente, como administrar oxígeno, colocar al paciente en posición *fowler,* etc. Estas intervenciones, aunque simples, pueden ser vitales para estabilizar al paciente hasta que reciba atención avanzada.

4.2. Cianosis

La cianosis es un signo clínico caracterizado por una coloración azulada observable en la piel, membranas mucosas o lechos ungueales. Este cambio cromático es el resultado de niveles elevados de desoxihemoglobina en la sangre, lo cual refleja una insuficiente oxigenación o hipoxia.

Los diferentes **tipos de cianosis** que existen son los siguientes:

- **Cianosis central:** se observa principalmente en los labios, la lengua y la mucosa oral. Suele ser indicativa de una insuficiencia respiratoria o de alteraciones en el intercambio gaseoso en los pulmones, lo que impide una adecuada oxigenación de la sangre. Algunas **causas** comunes de cianosis central incluyen:
  - Enfermedades pulmonares (como la neumonía o la EPOC).
  - Trastornos cardíacos (como la insuficiencia cardíaca).
  - Hipoventilación (como en la depresión respiratoria por sedantes o en pacientes con síndrome de apnea del sueño).
- **Cianosis periférica:** es más visible en las manos, los pies y las extremidades. Se produce cuando hay una disminución en el flujo sanguíneo hacia las extremidades, lo que puede suceder sin que haya una alteración directa en la oxigenación de la sangre. Algunas **causas** de cianosis periférica incluyen:

- Frío extremo o exposición prolongada al frío.
- *Shock* o colapso circulatorio, que reduce el retorno venoso y la perfusión en las extremidades.
- Enfermedades vasculares o problemas de circulación.

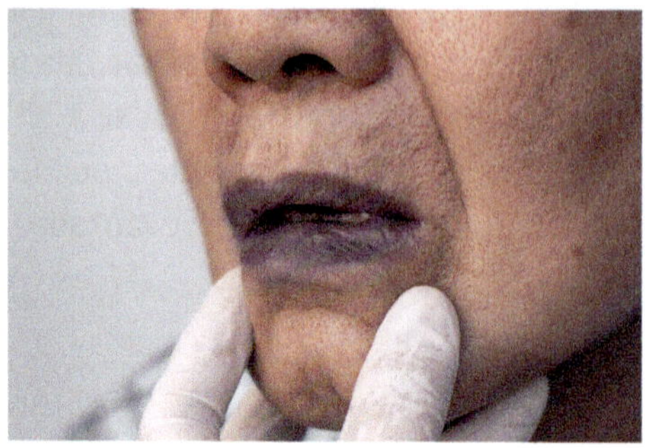

Cianosis central en labios y mucosas orales

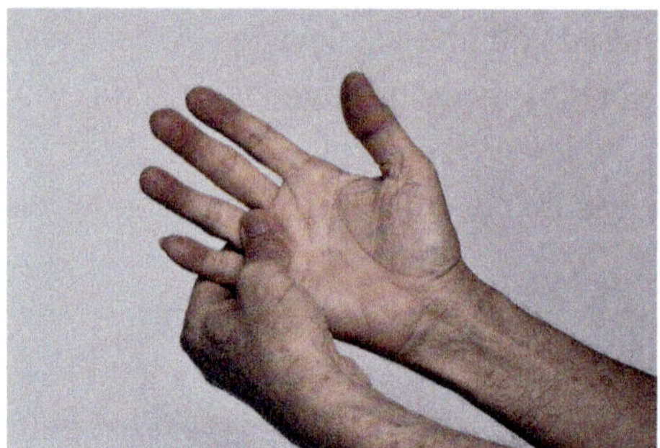

Cianosis periférica

La cianosis es un signo que debe ser evaluado cuidadosamente, ya que indica una posible situación grave, especialmente cuando es cianosis central. Los profesionales de la salud deben identificar su origen, determinar si hay una insuficiencia respiratoria o circulatoria y actuar rápidamente para mejorar la oxigenación del paciente. Además, es fundamental no solo observar la cianosis, sino también realizar una evaluación completa, que puede incluir la medición de oxígeno en sangre (oximetría), análisis de gases en sangre o estudios cardíacos, según lo que se sospeche como causa subyacente.

4.3. Aumento del trabajo respiratorio (estridor, tiraje)

El trabajo respiratorio es el esfuerzo físico que realiza el sistema respiratorio para mover el aire durante la respiración. En condiciones normales, este esfuerzo es mínimo, porque el cuerpo tiene un sistema eficiente para mantener el intercambio de gases; sin embargo, cuando hay un problema que dificulta la respiración, el trabajo respiratorio aumenta. Se puede ver que el trabajo respiratorio aumenta en signos como el estridor y el tiraje.

El **estridor** es un sonido respiratorio agudo que se percibe fácilmente sin necesidad de un fonendoscopio. Ocurre cuando el aire encuentra un obstáculo al pasar por las vías aéreas, como un segmento estrechado, ya sea laringe, la tráquea o los bronquios principales. Es un signo clínico importante, porque puede ser indicativo de condiciones graves que requieren atención médica inmediata.

Las **patologías o situaciones médicas** que pueden provocar el estridor son:

- Laringotraqueobronquitis (crup):
  - Principalmente afecta a niños pequeños.
  - Es una inflamación, de origen muchas veces desconocido, que provoca un estrechamiento de las vías respiratorias superiores.
  - Características: estridor inspiratorio, tos similar al ladrido de un perro y dificultad respiratoria progresiva. Suele remitir con la edad.
- Epiglotitis:
  - Generalmente está causada por infecciones bacterianas.
  - Características: estridor, fiebre alta, dolor al tragar (disfagia), voz apagada (disfoníy posturas inusuales para facilitar la respiración.
- Cuerpos extraños: la obstrucción por un cuerpo extraño en la vía aérea superior es una causa frecuente de estridor, especialmente en niños.

Importante

El tratamiento del estridor debe enfocarse en asegurar una vía aérea abierta y estable.

El **tiraje** hace referencia al uso de músculos accesorios de la respiración, lo que provoca la retracción de los músculos intercostales, supraclaviculares o incluso subcostales. Es un signo visible de esfuerzo respiratorio significativo. Ocurre cuando el paciente necesita un esfuerzo adicional para llenar los pulmones de aire, debido a una dificultad para expandir los pulmones.

Las **patologías o situaciones médicas** que pueden provocar el tiraje son:

- Asma bronquial: el asma versa de episodios de contracción de los bronquios que dificultan el flujo de aire hacia los pulmones. El tiraje aparece durante crisis asmáticas severas e indica una mayor resistencia al flujo de aire.
- Enfermedad pulmonar obstructiva crónica (EPOC): en fases avanzadas o durante exacerbaciones, los pacientes presentan tiraje como resultado del colapso de las vías respiratorias y el aumento del esfuerzo para respirar.
- Edema pulmonar: el líquido dificulta la expansión pulmonar, lo que genera tiraje visible.

4.4. Taquipnea / bradipnea

En el ámbito de las emergencias, la frecuencia respiratoria es un indicador importante del estado del paciente. Habitualmente, los rangos de respiraciones por minuto se encuentran entre:

- **Lactantes (0-1 año):** 30-50 respiraciones por minuto.
- **Niños (1-12 años):** 18-30 respiraciones por minuto.
- **Adultos (mayores de 12 años):** 12-20 respiraciones por minuto.

La **taquipnea** se define como un aumento de la frecuencia respiratoria por encima de 20 respiraciones por minuto en un adulto. Es una respuesta del cuerpo ante la necesidad de compensar algún problema, como una falta de oxígeno o una acumulación de dióxido de carbono en la sangre. Esta condición puede aparecer en distintas **situaciones,** como:

- Fiebre
- Hipoxia
- Acidosis metabólica (desequilibrio en los niveles de ácido y base, que el cuerpo intenta corregir respirando más rápido)
- Ansiedad o dolor
- Infecciones respiratorias
- Sepsis o intoxicaciones graves

Desde el punto de vista clínico, la taquipnea puede ser una señal temprana de insuficiencia respiratoria; es decir, el cuerpo está trabajando al máximo para mantener el equilibrio de gases en la sangre, pero puede llegar un punto en que no lo consiga. Esto suele ir acompañado de otros signos de esfuerzo, como el tiraje o el estridor, vistos anteriormente.

Por su parte, la **bradipnea** se refiere a una frecuencia respiratoria menor a 12 respiraciones por minuto en adultos. Aunque puede parecer menos alarmante que la taquipnea, también es una señal de peligro, ya que implica que el cuerpo no está ventilando adecuadamente. Las **causas** de la bradipnea suelen estar relacionadas con alteraciones del sistema nervioso o metabólico, tales como:

- Depresión del sistema nervioso central, por sustancias de abuso (como opiáceos o sedantes) o accidentes cerebrovasculares de tipo hemorrágico
- Hipotermia
- Lesiones cerebrales
- Hipotiroidismo
- Trastornos metabólicos graves, que afectan el equilibrio ácido-base del organismo

La bradipnea implica un riesgo crítico, porque el dióxido de carbono se acumula en la sangre cuando no se elimina adecuadamente al exhalar. Esto puede llevar a una condición conocida como acidosis respiratoria, que, si no se corrige, podría derivar en un coma respiratorio.

Tanto la taquipnea como la bradipnea son manifestaciones de que el sistema respiratorio está fallando. Reconocerlas y comprender su origen es el primer paso para estabilizar al paciente y evitar complicaciones mayores.

5. Principales patologías respiratorias

Las patologías respiratorias son condiciones que afectan a la estructura o función del sistema respiratorio. Pueden variar en su gravedad, desde leves hasta potencialmente mortales. Comprender las principales patologías respiratorias es crucial para el manejo efectivo de urgencias y emergencias. En este punto, se explorarán algunas de las patologías y situaciones clínicas de carácter respiratorio más comunes y su impacto en la salud, especialmente en situaciones de emergencia.

5.1. Insuficiencia respiratoria

La **insuficiencia respiratoria** ocurre cuando el aparato respiratorio no puede mantener los niveles adecuados de oxígeno en la sangre (hipoxemia) o eliminar correctamente el dióxido de carbono del organismo (hipercapnia). Este trastorno constituye una emergencia médica y puede estar asociado a diversas enfermedades que se dan desde las vías aéreas superiores e inferiores, hasta en aquellos músculos involucrados en la respiración.

Esta entidad se categoriza según varios criterios: aguda, crónica, exacerbada, secundaria, etc. Generalmente se usa el resultado de la gasometría (técnica para medir los gases en sangre) para clasificar en hipoxémica, hipercápnica (las más habituales en el entorno extrahospitalario), la perioperatoria o la provocada por un *shock*. Se analizan ahora las dos primeras:

- **Insuficiencia respiratoria hipoxémica:** se caracteriza por niveles insuficientes de oxígeno en la sangre arterial, generalmente debido a un intercambio gaseoso ineficiente en los pulmones. Las principales **causas** son:

- Neumonía: la inflamación del tejido pulmonar compromete la transferencia de oxígeno hacia la sangre.
- Enfermedad pulmonar intersticial: la fibrosis resultante limita el intercambio de gases en los alvéolos.
- Edema agudo de pulmón.

- **Insuficiencia respiratoria hipercápnica:** el problema radica en la acumulación excesiva de dióxido de carbono, debido a una ventilación inadecuada de los pulmones. Las principales **causas** son:

  - Enfermedad pulmonar obstructiva crónica (EPOC)
  - Asma
  - Covid-19
  - Sobredosis de fármacos depresores del sistema nervioso central
  - Patologías que afectan al normal funcionamiento de los músculos respiratorios

Las **acciones** que se deben seguir son las siguientes:

- La valoración de un paciente con sospecha de insuficiencia respiratoria comienza con una detallada anamnesis y un examen físico enfocado en identificar signos de hipoxemia y/o hipercapnia. Entre los signos y síntomas más frecuentes se encuentran:

  - Disnea
  - Taquicardia y taquipnea
  - Cianosis
  - Tiraje
  - Alteraciones de la consciencia

- Recopilar información acerca de su historia clínica: medicación que toma (broncodilatadores, anticoagulantes, corticoides orales, etc.), episodios previos, enfermedades respiratorias diagnosticadas, familiares con enfermedad respiratoria, etc.
- En el traslado, se colocará al paciente en posición *fowler,* se monitorizará las constantes (SpO_2, pulso, respiraciones por minuto, tensión arterial,

etc.) y se le administrará oxígeno cuando lo indique un facultativo, ya que, dependiendo el origen de la insuficiencia, cambian las recomendaciones.
- Se traslada al paciente al hospital correspondiente.

5.2. Asma

El asma es una enfermedad crónica de las vías respiratorias que cursa con hiperreactividad bronquial y una obstrucción variable al flujo aéreo, total o parcialmente reversible, ya sea por acción medicamentosa o espontáneamente. En el ámbito del soporte vital básico, el asma tiene gran relevancia, debido al riesgo de las crisis asmáticas, que, si no se manejan de forma oportuna, pueden progresar hacia una insuficiencia respiratoria aguda.

El asma es el resultado de un proceso inflamatorio crónico en las vías respiratorias, donde intervienen células inmunitarias como mastocitos, eosinófilos y linfocitos T. Cuando un paciente asmático entra en contacto con un desencadenante, como alérgenos, aire frío, contaminación o actividad física intensa, estas células liberan sustancias químicas que producen:

- Broncoconstricción: contracción de los músculos alrededor de los bronquios.
- Edema: acumulación de líquido en las vías respiratorias.
- Exceso de mucosidad.

Existen diversos **elementos** que pueden provocar una crisis asmática. Los más habituales son:

- Alérgenos: ácaros del polvo, polen, moho o caspa de animales.
- Irritantes ambientales: humo de tabaco, contaminación, productos químicos o aire frío.
- Infecciones respiratorias: especialmente virales, que pueden exacerbar los síntomas.
- Ejercicio físico intenso y factores emocionales, como estrés o ansiedad.

En una crisis asmática, se va a observar la siguiente **clínica:**

- Sibilancias: sonidos respiratorios anómalos, especialmente al exhalar, que suenan como un pitido.
- Tos persistente: generalmente nocturna o inducida por el ejercicio. Si es un episodio grave es posible encontrarse el tipo de "tos perruna" como el síndrome de crup.
- Sensación de opresión en el pecho que impide la respiración normal.
- Disnea
- Cianosis (sobre todo central).

En una exacerbación grave, estos síntomas se agudizan, pudiendo requerir atención médica urgente. Reconocer un ataque asmático es fundamental para brindar una respuesta adecuada y evitar complicaciones severas.

Ante una posible crisis asmática, se debe actuar de la siguiente manera:

- Realización de una buena anamnesis y recopilación de la historia clínica: qué enfermedades tiene el paciente a nivel respiratorio, si tiene antecedentes familiares, si es habitual o no que tenga crisis, de qué calado son estas, qué medicación toma de manera habitual, si ha usado ya los métodos de rescate, etc.
- En el traslado, el paciente irá en *fowler* o *semifowler* para facilitar la respiración.
- Monitorización de constantes y administración de oxigeno si el personal facultativo lo requiere tras evaluar la SpO_2.
- Traslado al centro sanitario correspondiente, a la vez que se vigila la aparición de signos de gravedad: tiraje, alteraciones del estado de consciencia, etc.

5.3. EPOC reagudizado

La **enfermedad pulmonar obstructiva crónica** se caracteriza por una limitación del flujo aéreo, no completamente reversible, asociada a una respuesta inflamatoria pulmonar anormal a partículas o a gases nocivos (generalmente humo del tabaco). A pesar de su progresión constante, los pacientes pueden experimentar periodos de estabilidad, intercalados con exacerbaciones agudas, conocidas como **EPOC reagudizado,** en las que los síntomas empeoran súbitamente más allá de las fluctuaciones diarias habituales, requiriendo un ajuste terapéutico.

El EPOC se puede clasificar en dos **tipos** principales:

- **EPOC tipo bronquítico:** se define clínicamente como la presencia de tos productiva (con moco) durante al menos 3 meses al año en al menos 2 años consecutivos. El daño aquí se encuentra en los bronquios, en las glándulas secretoras de la mucosidad.
- **EPOC tipo enfisemático:** esta variante se caracteriza por el daño a los alvéolos. Los alvéolos pierden su elasticidad debido a la destrucción de sus paredes, lo cual provoca que las vías respiratorias más pequeñas colapsen. Esto dificulta enormemente la salida del aire de los pulmones.

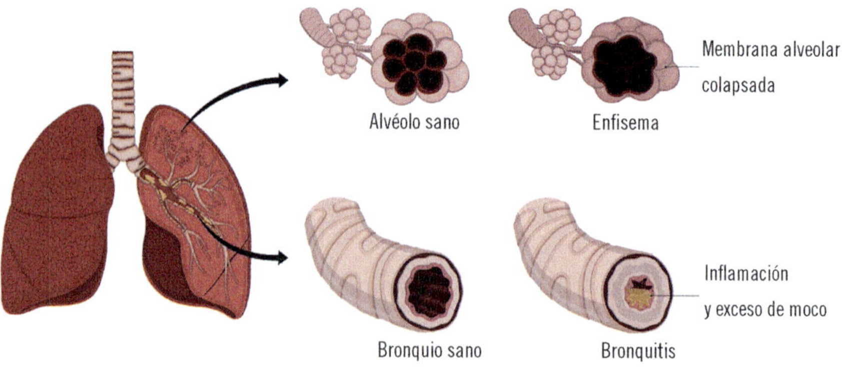

Diferencias entre bronquios y alveolos sanos, en comparación a estos afectados por EPOC en sus dos variantes.

Las exacerbaciones suelen ser desencadenadas por infecciones respiratorias, ya sean bacterianas o virales. También pueden originarse por la exposición a irritantes ambientales, como contaminantes, humo o productos químicos. En ciertos casos, comorbilidades como una insuficiencia cardíaca descompensada contribuyen al agravamiento de la clínica, la cual cuenta con diversos signos y síntomas:

- Disnea acentuada, incluso en reposo o al realizar actividades simples.
- Cambios en el esputo, que puede volverse más abundante, espeso y purulento.
- Tos persistente, a menudo más severa que la habitual.
- Sibilancias y presión en el pecho.
- Fatiga extrema y sensación de debilidad.

Ante un posible EPOC en fase de reagudización, se debe actuar de la siguiente manera:

- Se ha de realizar una buena anamnesis e indagar en la historia clínica del paciente: otras enfermedades concomitantes, cuántas reagudizaciones lleva en los últimos 6 meses, qué medicación está tomando, si ya ha tomado la medicación de rescate o no, etc.
- Monitorización de las constantes, incidiendo en la SpO_2. Administrar oxigeno según pauta del personal facultativo.
- Trasladar al centro sanitario correspondiente en posición de *semifowler* o *fowler.*

Un manejo adecuado del EPOC reagudizado es fundamental para prevenir hospitalizaciones recurrentes, complicaciones graves y un impacto negativo en la calidad de vida.

Aplicación práctica

Una mujer de 68 años con diagnóstico de EPOC refiere un aumento progresivo de la disnea durante los últimos tres días, acompañado de tos con esputo amarillento. Llama al servicio de emergencias porque presenta gran dificultad para respirar al despertar. La paciente utiliza un inhalador de rescate ocasionalmente, pero no ha tenido mejoría con su uso. Es fumadora activa. Tiene una SpO2 de 86 %, y presenta taquicardia (110 lpm) y taquipnea (30 rpm).

¿Por dónde se debe empezar la asistencia? ¿Cómo se debe actuar?

Continúa en página siguiente >>

<< Viene de página anterior

SOLUCIÓN

- Siempre se comienza por una valoración inicial, que en este caso va a dar los siguientes resultados:
  - A (vía aérea): la paciente está consciente y alerta, aunque tiene dificultad para decir frases completas.
  - B (respiración): frecuencia respiratoria de 30 rpm, con tiraje intercostal y uso de músculos accesorios. Saturación de oxígeno al 86 %.
  - C (circulación): pulso rápido (110 lpm) y piel ligeramente cianótica en labios y uñas.
- En este caso, viendo claramente que se está ante una exacerbación de EPOC, hay que seguir las pautas recomendadas:
  - Colocar en posición adecuada: posicionar a la paciente sentada en posición *fowler.*
  - Oxigenoterapia: administrar oxígeno con mascarilla de bajo flujo o gafas nasales, vigilando la saturación para mantenerla entre el 88 % y 92 %, evitando hipercapnia. El oxígeno siempre será pautado por el especialista.
  - Reevaluación constante: vigilar signos de mejoría o empeoramiento, como el aumento del trabajo respiratorio o la disminución de la saturación.
  - Recoger antecedentes y datos clínicos: documentar el tiempo de evolución de la clínica, antecedentes de exacerbaciones previas, medicación habitual y respuesta al tratamiento inicial.
  - Solicitar soporte avanzado: notificar al centro coordinador y priorizar el traslado a un centro hospitalario.

---

6. Actuación sanitaria inicial en patología cardiocirculatoria aguda

La patología cardiocirculatoria aguda comprende un conjunto de mayor o menor gravedad. Entre las más comunes se incluyen el infarto agudo de miocardio, la insuficiencia cardíaca y las arritmias, entre otras. Como sanitario, su papel en la atención prehospitalaria es clave, ya que su actuación inicial puede marcar la diferencia en la evolución del paciente.

Esta atención se divide en varios pasos, que a continuación se exponen:

- **La valoración inicial:** lo primero que se debe hacer es realizar una valoración inicial (que se recordará de haberla estudiado estudiarla), compuesta por una evaluación primaria y secundaria rápida pero detallada del paciente:

  - **Estado de conciencia:** es importante observar si el paciente está consciente y orientado. Si hay alteraciones en su estado mental, puede ser signo de una insuficiencia circulatoria grave.
  - **Signos vitales:** la medición de la tensión, la frecuencia cardíaca y la respiración es fundamental. En un infarto, por ejemplo, es común encontrar una taquicardia (frecuencia cardíaca elevada).

- **Clínica que debo buscar: signos y síntomas:** debo buscar la clínica descrita al principio del capítulo: hiper o hipotensión arterial, taqui o bradicardias, que tengan arritmias, que carezcan de ellas, una disnea de evidente origen cardiogénico, y otros que acompañan a los cuadros circulatorios.
- **Posición de traslado:** en función de la sospecha diagnóstica y la sintomatología, el posicionamiento del paciente es fundamental. Si se sospecha un infarto o insuficiencia cardíaca aguda, la posición semisentada (de 45 grados) suele ser la más adecuada, ya que facilita la respiración y reduce el esfuerzo cardíaco. Si el paciente está en *shock* o presenta colapso circulatorio, es recomendable colocarlo en una posición horizontal, etc.
- **Traslado:** una vez estabilizado al paciente, es crucial preparar su traslado a un centro sanitario con los medios adecuados. Durante el transporte, debes seguir monitorizando los signos vitales y estar preparado para realizar maniobras de soporte vital básico (como RCP) si la situación empeora.

7. Actuación sanitaria inicial en la patología respiratoria aguda

La atención sanitaria inicial frente a patologías respiratorias agudas es una competencia esencial para asegurar una respuesta efectiva ante emergencias que comprometan la función respiratoria. Estas habilidades resultan cruciales para estabilizar al paciente, prevenir el deterioro de su estado y, en muchos casos, salvar su vida.

- **La valoración inicial:** el primer paso en la atención de emergencias respiratorias es la evaluación primaria, basada en el protocolo **AB**CDE:
  - A: detectar obstrucciones evidentes, como cuerpos extraños, que puedan requerir maniobras de desobstrucción. En caso de inconsciencia, aplicar técnicas como la maniobra frente- mentón para despejar las vías.
  - B: examinar la frecuencia, el ritmo y la calidad de la respiración. Buscar signos de dificultad respiratoria, como tiraje intercostal o cianosis. Administrar oxígeno (siempre pautado por facultativo), para mantener una saturación adecuada.

- **Clínica que se debe buscar: signos y síntomas:** se ha de vigilar al paciente en búsqueda de disnea, cianosis, taqui o bradipnea, tiraje, uso de músculos accesorios y toda la clínica vista en el apartado anterior del presente capítulo, relativa a los signos y síntomas que se presentan en estos cuadros respiratorios.
- **Oxigenoterapia:** si el paciente presenta signos de dificultad respiratoria o se encuentra en un estado de *shock,* se le debe administrar oxígeno de manera inmediata para mejorar la oxigenación. Esto puede ser mediante una cánula nasal o una mascarilla, dependiendo de la gravedad. Es importante que el oxígeno se administre con precaución, ya que una cantidad excesiva puede empeorar la situación en pacientes con problemas respiratorios, como la EPOC.
- **Posición de traslado:** en función de la sospecha diagnóstica y la sintomatología, el posicionamiento del paciente es fundamental. Generalmente los pacientes con clínica respiratoria serán trasladados en posición *fowler* o *semifowler,* ya que facilita la respiración.

8. Resumen

La atención inicial en urgencias cardiocirculatorias y respiratorias es un pilar esencial en el ámbito de la salud, pues el tiempo de respuesta juega un papel crítico para salvar vidas y evitar complicaciones mayores.

El reconocimiento temprano de manifestaciones como dolor torácico, palpitaciones, taquicardia o bradicardia, hipertensión o hipotensión arterial, disnea, cianosis y signos de hipoperfusión es fundamental para realizar un diagnóstico diferencial inicial y decidir el curso de acción adecuado. Las patologías cardiocirculatorias, como el síndrome coronario agudo, los trastornos del ritmo cardíaco, la insuficiencia cardíaca aguda y el edema agudo de pulmón, suelen presentarse de forma repentina y demandan una intervención inmediata para reducir riesgos mayores, como el *shock* o la muerte súbita.

Por su parte, las afecciones respiratorias agudas, que incluyen la insuficiencia respiratoria, el asma agudo o las exacerbaciones del EPOC, también requieren atención expedita. Algunos síntomas, como disnea, cianosis, taquipnea o bradipnea, y el aumento del esfuerzo respiratorio, son indicadores claros de la gravedad de la situación. Reconocer estas señales a tiempo permite a los profesionales de la salud implementar intervenciones rápidas y efectivas que pueden marcar una gran diferencia en la evolución del paciente.

Esta unidad no se limita a ofrecer una base teórica sobre las patologías cardiovasculares y respiratorias, sino que pone mucho énfasis en la práctica. Proporciona protocolos estructurados para la actuación inicial, asegurando que los profesionales de la salud estén equipados con las competencias necesarias para actuar con eficiencia y seguridad en los momentos más críticos. Además, el aprendizaje está diseñado para fomentar una comprensión integral, fortaleciendo tanto el conocimiento como las habilidades operativas.

Ejercicios de repaso y autoevaluación

1. Indique si la siguiente oración es verdadera o falsa:

"El dolor torácico que irradia hacia el brazo derecho siempre indica un problema cardiaco".

- ☐ Verdadero
- ☐ Falso

2. Rellene el espacio en blanco:

La posición ideal para un paciente con disnea severa es ________________.

3. Indique si la siguiente oración es verdadera o falsa:

"La bradicardia se define como una frecuencia cardiaca menor a 60 lpm".

- ☐ Verdadero
- ☐ Falso

4. Relacione cada síntoma con la patología más probable:

- Dolor torácico opresivo → ________________
- Disnea súbita y taquipnea → ________________
- Sibilancias, tos y disnea → ________________

5. Indique si la siguiente oración es verdadera o falsa:

"El tiraje intercostal es un signo de aumento del trabajo respiratorio".

- ☐ Verdadero
- ☐ Falso

Capítulo 4

Atención inicial ante emergencias neurológicas y psiquiátricas

Contenido

1. Introducción
2. Principales síntomas en patología neurológica y psiquiátrica
3. Signos de alarma ante emergencias neurológicas y psiquiátricas
4. Principales patologías neurológicas y psiquiátricas
5. Signos de alarma ante cuadros de intoxicación y envenenamiento
6. Cuadros infecciosos graves con alteración de la conciencia (respiratorios, abdominales, urológicos, neurológicos, estado séptico)
7. Resumen

1. Introducción

Las emergencias neurológicas y psiquiátricas presentan un reto particular en las emergencias, debido a la complejidad de los síntomas y la urgencia de su manejo. Estas situaciones abarcan una amplia gama de condiciones, desde accidentes cerebrovasculares y convulsiones hasta episodios de agitación psicomotriz, *delirium tremens* o alteraciones graves del comportamiento.

La capacidad de identificar los síntomas iniciales, incluso los más sutiles, es fundamental para realizar una intervención eficaz. Cambios en el nivel de conciencia, déficits motores o sensoriales y comportamientos inusuales son señales de alarma que no deben pasar desapercibidas. Por ejemplo, en el caso de accidente cerebrovascular, el tiempo juega un papel crucial: una atención rápida puede minimizar el daño cerebral y mejorar significativamente la recuperación del paciente.

Asimismo, las emergencias psiquiátricas, como episodios de agresividad o conductas suicidas, pueden representar un riesgo tanto para el paciente como para quienes lo rodean. En estos casos, reconocer los signos de alarma y aplicar técnicas de contención física o emocional de manera adecuada puede evitar complicaciones y facilitar la atención médica posterior.

Este capítulo tiene como objetivo proporcionar los conocimientos básicos para identificar y manejar las emergencias neurológicas y psiquiátricas de manera segura y eficaz. Al adquirir estas competencias, los estudiantes estarán preparados para responder con confianza ante estas situaciones críticas, asegurando la estabilidad del paciente y contribuyendo a su recuperación.

2. Principales síntomas en patología neurológica y psiquiátrica

En la atención de emergencias neurológicas y psiquiátricas, es fundamental identificar y diferenciar la clínica con la que cursan ambos, para proporcionar el soporte vital necesario y tomar las decisiones clínicas adecuadas. En este apartado se van a observar distintas manifestaciones, diferenciando entre clínica neurológica y clínica psiquiátrica, aunque a veces se puedan solapar debido a que el daño está ocurriendo en el mismo órgano, el cerebro, y en sus ramificaciones, el sistema nervioso.

2.1. Depresión nivel de conciencia. Grados

La alteración del estado de conciencia es un problema frecuente en la emergencia. La expresión *alteración de conciencia* es utilizada para explicar la situación de un paciente en relación con su capacidad para interactuar con el entorno y comprender la realidad, por lo que su afectación puede provocar la pérdida de funciones motoras conscientes e inconscientes. Con relación a la conciencia, el paciente puede presentar alteración del nivel (estupor, obnubilación, somnolencia, coma, entre otros) y alteración del contenido, como la dificultad para mantener la atención y la desorientación. Esta alteración puede aparecer de forma súbita o progresiva.

Las causas de la depresión del nivel de conciencia son variadas y pueden dividirse en tres grandes categorías:

- Causas neurológicas:
  - Traumatismos craneoencefálicos
  - Accidentes cerebrovasculares
  - Convulsiones o estados epilépticos
  - Infecciones del sistema nervioso central, como meningitis o encefalitis
- Causas psiquiátricas:
  - Intoxicaciones con sustancias psicoactivas
  - Episodios graves de trastornos del estado de ánimo
- Causas sistémicas:
  - Hipoglucemia severa
  - Hipoxia
  - Alteraciones electrolíticas
  - Deficiencias vitamínicas

La valoración del nivel de conciencia es esencial para determinar la gravedad de la condición y planificar una intervención adecuada. Entre las herramientas más utilizadas están la escala de coma de Glasgow (GCS), ya mencionada en capítulos anteriores, y la siguiente clasificación en relación con el nivel de conciencia y estímulos aplicados:

- **Estado de alerta:** el paciente está completamente consciente y orientado, y responde adecuadamente a todos los estímulos.
- **Somnolencia:** responde apropiadamente a órdenes verbales simples, pero muestra dificultad con órdenes complejas. Puede estar desorientado en tiempo, espacio o persona.
- **Obnubilación:** responde a estímulos verbales o dolorosos, pero vuelve a dormirse cuando el estímulo cesa.
- **Estupor:** no responde y despierta solo con estímulos verbales o dolorosos repetidos y fuertes, tras los cuales vuelve a entrar en sueño profundo.
- **Coma:** no hay respuesta a estímulos externos. Pueden persistir reflejos básicos, como el pupilar, pero no hay actividad consciente.

2.2. Focalidad neurológica

La focalidad neurológica se presenta como una alteración específica en las funciones motoras, sensitiva, cognitiva o visual, derivada de una lesión en una región concreta del sistema nervioso, ya sea el encéfalo, la médula o las ramificaciones nerviosas. Estas alteraciones pueden estar relacionadas con diversas causas:

- Lesiones vasculares: accidentes cerebrovasculares o hemorragias.
- Traumatismos: contusiones o daños en el tejido nervioso.
- Procesos infecciosos: abscesos cerebrales o meningitis.
- Neoplasias: tumores que comprimen áreas cerebrales.
- Trastornos degenerativos: como la esclerosis múltiple.

¿Qué clínica se debe observar? los signos de focalidad neurológica suelen variar dependiendo de la región afectada del sistema nervioso. Entre los más comunes se encuentran:

- **Hemiparesia o hemiplejía:** debilidad o parálisis en un lado del cuerpo, generalmente causada por una lesión en el hemisferio cerebral opuesto.
- **Afasia:** alteración en la capacidad de comunicarse, que puede manifestarse como dificultad para hablar, comprender, leer o escribir. Está relacionada con lesiones en áreas específicas, como el área de Broca.
- **Desviación conjugada de la mirada:** incapacidad para mover ambos ojos en una única dirección horizontal (principalmente) o vertical. Las parálisis de la mirada afectan principalmente a la mirada horizontal.
- **Alteraciones sensoriales:** pérdida de sensibilidad o aparición de sensaciones anormales (parestesias), que pueden señalar daño a nivel de sistema nervioso periférico.
- **Problemas en la coordinación:** dificultades para realizar movimientos coordinados y coherentes, con una pérdida de la propiocepción.

En una situación de emergencia, la evaluación de síntomas focales debe realizarse de manera rápida pero meticulosa. Un examen neurológico básico puede revelar información crítica sobre la localización y la severidad de la lesión. Para poder evaluar una focalidad neurológica, será útil examinar ciertos aspectos del paciente, como son:

- **Función motora:** se evalúan movimientos específicos, buscando signos de debilidad, parálisis o asimetrías entre ambos lados del cuerpo.
- **Función sensorial:** se comprueba la sensibilidad al tacto, la temperatura y la vibración en distintas áreas del cuerpo, identificando zonas de pérdida sensorial o parestesias.
- **Reflejos:** la valoración de los reflejos osteotendinosos y superficiales permite detectar alteraciones en la inervación periférica.
- **Capacidades cognitivas y del lenguaje:** se evalúan la orientación, la memoria a corto y largo plazo, la capacidad para seguir instrucciones sencillas y la habilidad para hablar o escribir.

2.3. Convulsiones

Las convulsiones son episodios de actividad eléctrica anormal y descontrolada en el cerebro que alteran las funciones normales del sistema nervioso. Durante una convulsión, las neuronas del cerebro envían señales de manera desorganizada, lo cual causa interrupciones temporales en las funciones cerebrales normales. Dependiendo de la parte del cerebro afectada y el origen causal de estas, se clasificarán de distinta manera.

Las convulsiones se dividen en dos **tipos** principales:

- **Convulsiones focales (crisis parciales):** comienzan en un área concreta del cerebro. Sus manifestaciones dependen de la función de esa región. Pueden ser movimientos muy concretos repetitivos (parpadeo), sensaciones sensitivas anómalas, desorientación, marcha desorganizada, etc. Generalmente el paciente no recuerda el episodio.
- **Convulsiones generalizadas:** afectan a ambos hemisferios cerebrales desde el inicio del episodio. Las más comunes incluyen:
  - **Convulsiones tónico-clónicas ("gran mal"):** cursan con una pérdida súbita de conciencia, seguida por contracciones musculares y movimientos rítmicos. Generalmente conllevan pérdida de esfínteres y periodo postcrítico de recuperación.
  - **Ausencias:** son episodios breves de pérdida de conciencia, a menudo sin movimiento corporal. La forma más habitual de presentarse es una persona que se queda con la mirada fija y vidriosa, y no responde a los estímulos. Pueden durar unos minutos, pero no son de excesiva duración. A veces actúan como pródromo de la propia convulsión.

Detrás de las convulsiones pueden existir diferentes **causas:**

- **Epilepsia:** un trastorno crónico caracterizado por convulsiones recurrentes.
- **Desórdenes metabólicos:** como la hipoglucemia, el aumento o descenso de iones relevantes (sodio, potasio), la fiebre alta (especialmente en niños), etc.
- **Traumatismo craneal.**
- **Infecciones:** como meningitis y encefalitis, que provocan inflamación cerebral.
- **Intoxicaciones:** derivadas del consumo de sustancias de abuso, medicación (como antidepresivos tricíclicos, serotinérgicos, etc.), o sustancias neurotóxicas (por ejemplo, organofosforados, venenos de animales como la víbora o arácnidos).

- **Eclampsia:** enfermedad que cursa durante el embarazo, que da lugar a crisis hipertensivas que desembocan en cuadros de convulsiones.
- **Síncope:** muchas veces, al perder la consciencia, el paciente puede mostrar convulsiones debido a esta irrupción brusca.

Los profesionales de la salud han de estar constantemente preparados para lidiar con esta emergencia. En apartados posteriores, se verá cómo actuar frente a un evento convulsivo.

2.4. Déficit sensitivo y motor

El déficit sensitivo-motor se define como la coexistencia de alteraciones en la sensibilidad y en la motricidad en una o más partes del cuerpo. Estos déficits suelen reflejar una disfunción en el sistema nervioso, ya sea periférico, central o en ambos.

- **Déficit sensitivo:** implica una pérdida parcial o total de la percepción de estímulos táctiles, dolorosos, térmicos o de vibración.
- **Déficit motor:** se refiere a la incapacidad de realizar movimientos voluntarios, debido a alteraciones en las vías motoras, que van desde el cerebro hasta los músculos.

Cuando los dos déficits aparecen de manera conjunta, generalmente indica una afectación en áreas del sistema nervioso donde las vías sensoriales y motoras están anatómicamente próximas.

Los déficits sensitivos y motores se clasifican en:

- Según el área afectada:
    - Focal: se limita a una región específica del cuerpo, como en una monoplejía (parálisis de un solo miembro).
    - Generalizado: afecta a varias regiones o todo el cuerpo, como en la tetraplejía.

- Según la evolución:
  - Agudo: aparición súbita, como en un accidente cerebrovascular.
  - Progresivo: es de aparición progresiva y empeora gradualmente, como en las enfermedades neurodegenerativas como el ELA o la EM.

- Según el nivel de la lesión:
  - Central: lesión en el encéfalo o la médula espinal.
  - Periférico: lesión en nervios, raíces o plexos, pertenecientes al SN periférico.

¿Qué clínica suelen presentar?

Hay diversos signos y síntomas según el tipo:

- Déficit sensitivo:
  - Anestesia: pérdida total de la sensibilidad.
  - Hipoestesia: reducción de la sensibilidad.
  - Disestesia o alodinia: alteraciones en la percepción que distorsionan o amplifican los estímulos.

- Déficit motor:
  - Plejía o parálisis: pérdida completa de la fuerza muscular o de la capacidad de movimiento.
  - Paresia: disminución de la fuerza muscular o capacidad de movimiento.
  - Espasticidad: aumento del tono muscular, lo que provoca rigidez y dificultad para mover las extremidades.

Las situaciones de déficit sensitivo y motor proporcionan una oportunidad crítica para la intervención que puede cambiar radicalmente el resultado para el paciente a largo plazo. En este contexto, el conocimiento claro, conciso y bien aplicado por parte de los socorristas puede constituir una línea de defensa determinante en situaciones de emergencia neurológica.

2.5. Trastornos de comportamiento y conducta

Estos trastornos son alteraciones complejas que afectan a la interacción de la persona con su entorno. Aunque sea una creencia popular, estas desadaptaciones no son únicamente el resultado de problemas psiquiátricos, sino que también pueden ser clínica asociada a enfermedades neurológicas, metabólicas o situaciones agudas, como traumatismos o intoxicaciones. Su correcto entendimiento y abordaje son esenciales en el contexto de emergencias, donde el manejo inicial puede influir significativamente en el desenlace clínico.

Esta entidad engloba una variedad de comportamientos que, en su conjunto, representan una disfunción en los procesos emocionales, cognitivos o relacionales del individuo. Estas manifestaciones pueden clasificarse en:

- Comportamientos disruptivos y agresivos: se refieren a alteraciones en la regulación emocional y conductual, caracterizadas por una hiperactividad motora y emocional. Incluyen agitación psicomotriz, agresión y conductas impulsivas.
- Manifestaciones inhibidas: estas hacen referencia a un estado de hipoactividad emocional o conductual, que puede deberse a disfunción en áreas cerebrales responsables de la motivación, interacción social y expresión emociona. Aquí entrarían el retraimiento social, la apatía o la inhibición emocional.
- Alteraciones perceptuales y cognitivas: estas alteraciones implican una distorsión de la percepción, el pensamiento o la orientación.

Hay una extensa variedad de patología subyacente que puede dar lugar a estas manifestaciones, excede el contenido de este capítulo. A continuación, unas pinceladas de las situaciones más habituales en el contexto de las emergencias que tienen como manifestación esta clínica.

- Crisis psicótica: episodio agudo caracterizado por alucinaciones (visuales, auditivas) y delirios (creencias falsas). A menudo se acompañan de desorganización del pensamiento y conducta errática. Las causas más comunes son:

  - Esquizofrenia, trastorno esquizoafectivo
  - Consumo de sustancias alucinógenas (LSD, MDMA)
  - Trauma grave

- Intoxicaciones por sustancias: provocan cambios en la conducta causados por el consumo de drogas o sustancias tóxicas. Las causas más comunes son:

  - Alcohol: agresión, euforia, desinhibición, confusión.
  - Estimulantes (cocaína, anfetaminas): agitación extrema, agresión, paranoia.
  - Sedantes o depresores: letargo, retraimiento, lentitud cognitiva.

- Estados postictales: alteración transitoria del comportamiento tras una convulsión, caracterizada por confusión, agresión o retraimiento. Puede mimetizar otros trastornos psiquiátricos, lo que complica el diagnóstico.

Reconocer los trastornos de comportamiento y conducta con la prontitud y ejecución de intervenciones adecuadas puede tener un impacto significativo en el desenlace de la emergencia para los involucrados. La educación continua en técnicas de comunicación efectiva y manejo de crisis es esencial para optimizar la respuesta y proporcionar un ambiente seguro para la evaluación y el tratamiento posteriores en servicios médicos avanzados.

2.6. Agitación psicomotriz

La agitación psicomotriz implica una alteración en la coordinación y el control motor, lo que puede llevar a movimientos incontrolados y diversas conductas erráticas. A nivel emocional, el individuo puede estar muy inquieto o irritable. Este estado se suele asociar con alteraciones cognitivas, como la confusión, los delirios y la dificultad para la comunicación, lo que hace que la persona no colabore de manera voluntaria con el tratamiento.

Los pacientes pueden presentar percepción distorsionada de la realidad, lo que aumenta el riesgo de comportamientos de riesgo tanto para sí mismos como para los demás. Por ejemplo, pueden intentar huir, autolesionarse o agredir a otros, debido a su falta de control sobre sus emociones y acciones.

¿Qué causas puede haber detrás de la agitación psicomotriz?

- Psiquiátricas:
    - Trastornos como la esquizofrenia, en el que el paciente puede tener estados de ánimo complejos, y episodios en los que puede darse eventos psicóticos.
    - Trastorno bipolar en su fase maníaca, cuando el paciente muestra una excitabilidad excesiva.
    - Trastornos depresivos con características psicóticas.
- Neurológicas:
    - Lesiones cerebrales traumáticas (por ejemplo, un golpe en la cabeza que afecta a áreas como la corteza prefrontal o el sistema límbico).
    - Convulsiones, en las que la alteración en la actividad eléctrica cerebral puede llevar a un comportamiento agitado, como referíamos antes del periodo posconvulsivo.
    - Enfermedades neurodegenerativas como el alzhéimer o el párkinson, que alteran el control motor y la regulación emocional.
- Toxicológicas:
    - El abuso de sustancias (como alcohol, drogas estimulantes o drogas de diseño) puede desencadenar una agitación psicomotriz.
    - También la abstinencia de sustancias puede provocar este cuadro, como sucede con los opioides.

La evaluación debe ser precisa y rápida, ya que la agitación psicomotriz puede poner en peligro tanto al paciente como a los profesionales de salud, si no se maneja adecuadamente.

¿Qué implicaciones a mayores tiene el trastorno psicomotriz?

El tratamiento de la agitación psicomotriz presenta dilemas éticos importantes. Los principios de mínima fuerza necesaria deben ser aplicados, lo que significa que se debe evitar el uso de fuerza física o de medicación innecesaria. En los casos en que el paciente no pueda dar su consentimiento, como cuando está inconsciente o desorientado, debe considerarse el consentimiento de representantes legales. Siempre se debe buscar un equilibrio entre el bienestar del paciente y la seguridad de los profesionales.

3. Signos de alarma ante emergencias neurológicas y psiquiátricas

Hay que subrayar la importancia de reconocer signos de alarma, para poder brindar una atención adecuada y oportuna. La detección temprana de los síntomas puede salvar vidas, reducir complicaciones y mejorar los resultados de los pacientes.

- **Signos de alarma a nivel neurológico:** el sistema nervioso, esencial para el funcionamiento óptimo del cuerpo, puede verse comprometido por diversas condiciones, algunas de las cuales son extremadamente graves. Los principales signos de alarma son:
  - **Pérdida súbita de conciencia:** una pérdida rápida de la conciencia podría indicar una hemorragia cerebral, un accidente cerebrovascular (ACV), etc. La rapidez y duración de esta pérdida son cruciales para identificar las causas subyacentes.
  - **Déficit neurológico focal:** la aparición súbita de debilidad o parálisis en un lado del cuerpo, dificultades para hablar o pérdida de sensibilidad en una parte del cuerpo pueden ser indicativas de un ACV.
  - **Convulsiones:** las convulsiones no siempre están relacionadas con la epilepsia. Un episodio súbito de convulsiones puede ser señal de problemas como tumores cerebrales, fiebre, problemas en la embarazada, etc.
  - **Dolor de cabeza severo y repentino:** un dolor de cabeza que alcanza su intensidad de forma abrupta podría ser un signo de una hemorragia

intracraneal, una crisis hipertensiva, un ACV u otras condiciones, que oscilan de mayor a menor gravedad.

- **Alteraciones visuales:** la pérdida de visión, diplopía (visión doble) o alteraciones repentinas en la percepción visual pueden sugerir un ACV o una afección neurológica de otra índole, como un tumor o una hemorragia que ocupa un espacio anatómico que no deben, presionando estructuras y haciéndolas disfuncionales.
- **Cambios en el estado mental:** la confusión, la desorientación y la alteración de la memoria pueden ser indicativos de afecciones neurológicas agudas, como encefalitis o *delirium.*

- **Signos de alarma a nivel psiquiátrico:** las emergencias psiquiátricas pueden ser más difíciles de reconocer y cargan con un estigma social que devalúa la importancia de estas manifestaciones. Los signos de alarma incluyen:

  - **Comportamiento suicida o autoagresivo:** la mención de ideas suicidas o conductas autolesivas es siempre una emergencia psiquiátrica. Las personas que muestran conductas suicidas no están llamando la atención, están emitiendo señales de ayuda.
  - **Agitación extrema e incontrolable:** la agitación psicomotriz, si se agrava, puede representar un peligro para el paciente y su alrededor.
  - **Alucinaciones y delirios:** la aparición de alucinaciones (auditivas, visuales, olfativas, táctiles, etc.) o de delirios puede ser un signo de una reagudización de una enfermedad psiquiátrica crónica o de un debut agudo. Se dan con frecuencia asociados a los episodios maníacos en el trastorno bipolar o en otras entidades como la esquizofrenia y otros trastornos de la personalidad.
  - **Estado catatónico:** caracterizado por alteraciones motoras graves, como inmovilidad, mutismo, posturas extrañas, acompañado de síntomas psicológicos. Puede darse en trastornos psiquiátricos como la esquizofrenia, el trastorno bipolar o la depresión grave, y en algunas patologías orgánicas como la encefalitis o el síndrome neuroléptico maligno.
  - **Emociones o ciclaciones emocionales extremas:** cambios emocionales rápidos y drásticos, como el paso de la euforia maníaca a la depresión

extrema, son indicativos de un episodio bipolar grave puede indicar un fracaso de las medidas terapéuticas.

- **Desrealización o despersonalización:** sentir que el entorno es irreal (desrealización) o que uno mismo no corresponde con su cuerpo ni con su psique (despersonalización) puede ser una señal de empeoramiento o una patología emergente.

Para las emergencias psiquiátricas, crear un ambiente seguro tanto para el paciente como para los demás es crucial. Esto incluye evitar confrontaciones, mantener la calma y buscar la ayuda de profesionales capacitados. En algunos casos, puede ser necesaria la contención para proteger al paciente y a terceros, siempre bajo orden facultativa.

Postura rígida y mantenida que se da en los pacientes que demuestran catatonia

La capacitación y la educación continua en el manejo de estas emergencias pueden marcar la diferencia en la supervivencia y el pronóstico del paciente, garantizando que reciban el tratamiento adecuado a tiempo para evitar complicaciones graves y mejorar su calidad de vida.

4. Principales patologías neurológicas y psiquiátricas

Se estima que más del 30 % de las consultas en servicios de urgencias están relacionadas con cuadros neurológicos o psiquiátricos, lo que resalta la importancia de un conocimiento sólido en estas áreas para brindar una atención oportuna y eficaz. Estas condiciones suelen presentar signos de alarma que, si no son identificados y manejados a tiempo, pueden comprometer gravemente la salud y la vida de los pacientes.

4.1. Accidente cerebrovascular agudo

Los ictus o ACV son la segunda causa de muerte en España, la primera causa de muerte en la mujer y la principal causa de invalidez del adulto.

El accidente cerebrovascular agudo (ACV) o ictus es una enfermedad producida por una alteración del flujo sanguíneo cerebral de suficiente intensidad como para originar alteraciones que conducen a la muerte neuronal y a la pérdida funcional cerebral. Se distinguen dos tipos de ACV:

- **Ictus isquémico:** un trombo obstruye una arteria e impide el paso de sangre hacia la zona del encéfalo que irriga ese vaso. Representa el 85 % de los casos.
- **Ictus hemorrágico:** aparece cuando se rompe bruscamente un vaso, ya sea arteria (principalmente) o vena del encéfalo, y la sangre penetra en el tejido cerebral, provocando un aumento de presión y desplazamiento de estructuras, además de la interrupción de la circulación. Representan el 15 % de los casos.

También existe la entidad clínica de accidente isquémico transitorio (AIT), la cual presenta una recuperación completa en menos de 24 horas.

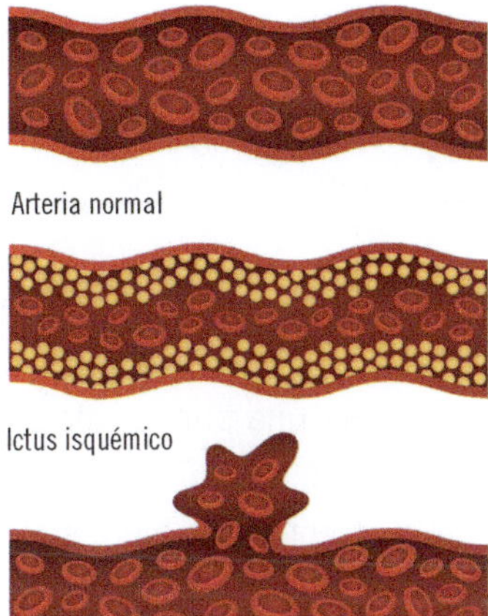

Ambos tipos de ictus, en comparación con un vaso sanguíneo sano

Existe una serie de signos y síntomas comunes que pueden guiar en la identificación del ACV:

- Pérdida repentina de fuerza o parálisis en la cara, un brazo o una pierna, generalmente en un lado del cuerpo.
- Dificultad para hablar o entender el habla, que puede presentarse de forma súbita.
- Problemas visuales de aparición brusca, como visión borrosa o pérdida de visión en uno o ambos ojos.
- Mareos o problemas para caminar, acompañados de pérdida de equilibrio o coordinación.
- Dolor de cabeza muy intenso y repentino, sin una causa aparente.

Una herramienta sencilla y efectiva para recordar estos signos más habituales es el acrónimo FAST:

- *Face drooping* (caída de la cara): ¿una parte de la cara está caída o sin movimiento?
- *Arm weakness* (debilidad en el brazo): ¿el paciente no puede levantar un brazo o este se cae involuntariamente?

- *Speech difficulty* (dificultad para hablar): ¿el habla es confusa o incomprensible?
- *Time to call emergency services* (tiempo de llamar a emergencias): actúa rápido y llama al 1-1-2.

Los pasos que se deben seguir ante la sospecha de un ictus son:

- Primeramente, se debe realizar una buena valoración inicial del paciente con el método ya estudiado, ABCDE, incidiendo en la evaluación neurológica. Se comprueba que respire bien, su tensión arterial (la HTA puede ser un desencadenante de estos eventos), su pulso y ritmicidad (hay que recordar que la FA puede provocar ictus), se mide su saturación (en los ictus se encuentra normalmente baja), y en este caso, se comprueba la glucemia, ya que una hiper o hipoglucemia puede maquillar un ictus, y debemos orientar bien la clínica para decidir correctamente.
- Se recoge información clave: momento exacto en que comenzaron los síntomas, qué antecedentes médicos tiene que puedan estar relacionados y la medicación actual. Cobran aquí relevancia los anticoagulantes, sobre todo si hay historial anterior de eventos trombóticos.
- Se traslada al paciente en una posición cómoda (en reposo absoluto, en decúbito supino a 0º, si cefalea o bajo nivel de conciencia de 15 a 30º). Se le administra oxígeno si el personal facultativo lo demanda y se siguen monitorizando las constantes de tensión, saturación y pulso durante el traslado.
- En estas ocasiones, generalmente, se activa en el centro coordinador de urgencias el código ICTUS, para poder anticiparse y escoger el centro asistencial más adecuado. Habitualmente el traslado es competencia del SVA.

En los ictus isquémicos, el uso de trombolíticos intravenosos (un medicamento que disuelve coágulos) ha revolucionado el tratamiento, **pero estos solo son efectivos si se administran dentro de las primeras 4,5 horas desde el inicio de los síntomas**. Como profesional, tu función prehospitalaria no incluye administrar estos tratamientos, pero sí garantizar que el paciente llegue a tiempo a un centro donde puedan evaluarlo y, si es elegible, recibir estos medicamentos. Así mismo, en el ictus hemorrágico, la rápida intervención quirúrgica para drenar la hemorragia y restaurar la circulación, en el caso de que esté indicada. También depende de la rapidez y eficacia con que se haga.

Recuerde

La prevención es una herramienta poderosa contra el ACV. Los programas comunitarios y las campañas de salud pueden ayudar a identificar y controlar factores de riesgo modificables como la hipertensión, la diabetes y el tabaquismo. También es muy importante enseñar a la población a reconocer los signos de alarma usando herramientas como el acrónimo FAST.

Aplicación práctica

Un hombre de 60 años acude a urgencias acompañado por su familia. La esposa menciona que, de repente, su marido comenzó a hablar de manera incoherente, con dificultad para articular palabras. Luego, se dio cuenta de que la mitad de su rostro estaba caído y que el paciente no podía levantar el brazo derecho. Durante la evaluación, se observa que tiene dificultad para mover la pierna derecha y está ligeramente confundido, sin poder identificar correctamente el día y la hora.

1. **¿Qué sospecha clínica podría entenderse en este caso?**
2. **¿Cuáles son los signos más importantes que indican la posibilidad de un accidente cerebrovascular?**
3. **¿Qué pasos deben seguirse de forma urgente para intervenir ante este posible ACV?**

SOLUCIÓN

1. La presunción inicial más probable es que se trate de un accidente cerebrovascular (ACV), dado que el paciente presenta síntomas clásicos como parálisis facial unilateral (caída de la mitad del rostro), hemiparesia (dificultad para mover brazo y pierna derechos) y dificultades en el habla (disartria). La confusión también puede ser un signo asociado de compromiso cerebral.
2. Los signos clave que sugieren un ACV incluyen:

   - Debilidad o parálisis en un lado del cuerpo (hemiparesia)
   - Dificultad para hablar o entender el habla (disartria o afasia)
   - Caída de la cara (parálisis facial unilateral)
   - Confusión o alteración del nivel de conciencia

Continúa en página siguiente >>

<< Viene de página anterior

3. Ante la sospecha de un ACV, es crucial actuar rápidamente:

- Evaluar el tiempo de inicio de los síntomas (el tratamiento es más efectivo si se administra dentro de las primeras 3-4 horas desde el inicio). Recoger historia clínica, hacer una buena anamnesis y ponernos en contacto con el médico coordinador del 1-1-2.
- No administrar ningún medicamento por vía oral ni intentar mover al paciente innecesariamente. Administrar oxígeno si es pautado por el facultativo y lo precisa.
- Colocar al paciente en una posición segura, preferentemente acostado, con la cabeza ligeramente elevada.
- Monitorizar constantemente sus signos vitales, esperando la llegada de los equipos de emergencia del SVA.

4.2. Crisis Epilepsia

Se debe diferenciar entre crisis epiléptica y epilepsia, ya que no son lo mismo.

- Las **crisis epilépticas** son episodios breves en los que la actividad del cerebro se ve alterada por una descarga eléctrica anormal y excesiva de las neuronas. Esta actividad puede quedarse localizada en una zona específica del cerebro, extenderse a otras áreas o involucrar de forma simultánea a grandes regiones de la corteza cerebral. La manera en que se manifiesta una crisis dependerá de la función de la parte del cerebro afectada, por lo que puede provocar síntomas como movimientos anormales (fenómenos motores), alteraciones en los sentidos (visuales, auditivas, etc.), cambios en el sistema nervioso autónomo (como palpitaciones o sudoración) o incluso alteraciones psíquicas (como miedo repentino o confusión).
- Por otro lado, la **epilepsia** es una enfermedad crónica del cerebro caracterizada por episodios de una actividad eléctrica desorganizada, repetidos de forma espontánea y recurrente en el tiempo, o cuando una persona tiene una única crisis asociada a una lesión cerebral o anomalía que aumenta el riesgo de tener más crisis en el futuro.

También es posible encontrarse en este aspecto ante la presencia de un **estatus epiléptico,** que se caracteriza por la prolongación de una crisis epiléptica o por la repetición de múltiples crisis sin que la persona recupere completamente el estado de conciencia entre ellas. Esta situación genera un estado epiléptico persistente que, si no se controla, puede causar complicaciones severas, incluyendo alta posibilidad de morir. Actualmente, se considera estatus epiléptico cuando una crisis dura más de 5 min, ya que este tiempo marca un punto crítico en el que la crisis se vuelve difícil de controlar y aumenta el riesgo de complicaciones, incluida la progresión a un estatus epiléptico refractario, es decir, que no responde a tratamiento.

Las crisis epilépticas pueden variar en sus manifestaciones, pero algunos **signos** frecuentes incluyen:

- Movimientos involuntarios, desde pequeños temblores en una parte del cuerpo hasta convulsiones generalizadas que afectan a todo el cuerpo.
- Pérdida de la consciencia.
- Mirada fija o pérdida de contacto con el entorno (ausencias).
- Babeo o espuma en la boca.
- Confusión mental antes, durante o después del episodio.
- Dificultad para hablar o moverse durante la crisis.

Importante

No todas las crisis epilépticas presentan convulsiones evidentes. Algunas pueden manifestarse como episodios breves de desconexión, conocidos como crisis de ausencia, o movimientos automáticos, como masticar o parpadear repetidamente.

Lo que se debe y no se debe hacer ante una crisis epiléptica:

- **Durante la crisis:**

1. Mantener la calma:

    - La serenidad es esencial para actuar correctamente. Aunque puede ser impactante, recuerde que la mayoría de las crisis son breves.

2. Proteger a la persona:

    - Asegúrese de que el entorno esté libre de objetos peligrosos (muebles, esquinas, vidrios, etc.).
    - Si la persona está en el suelo, colóquela suavemente boca arriba con algo blando debajo de la cabeza para evitar lesiones.

3. No restringir sus movimientos:

    - Nunca intente sujetar a la persona ni detener las convulsiones, ya que podría lesionarla o lesionarse usted.

4. No ponerle nada en la boca:

    - Es un mito que la persona pueda tragarse la lengua. Intentar insertar objetos puede causar daño en los dientes, la mandíbula o las vías respiratorias.

5. Observar el tiempo:

    - Use un reloj o cronómetro para medir la duración de la crisis. Si dura más de 5 min, es crucial buscar ayuda médica inmediata.

- **Después de la crisis:**

  1. Coloque a la persona en posición lateral de seguridad:

     - Una vez terminada la crisis y si no recupera de inmediato la consciencia, póngala de lado (decúbito lateral) para prevenir la aspiración en caso de vómito.

  2. Tranquilice a la persona:

     - Después de la crisis, es común que la persona se sienta confundida, desorientada o extremadamente cansada (estado postictal). Explíquele lo que ha sucedido y acompáñela hasta que sea necesario.

Aunque muchas crisis epilépticas se resuelven sin necesidad de intervención médica, hay situaciones que requieren atención inmediata:

- Primera crisis: si es la primera vez que ocurre, siempre es necesaria una evaluación médica.
- Duración prolongada: si la crisis dura más de 5 min o se repite sin que la persona recupere la consciencia.
- Lesiones durante la crisis: como golpes en la cabeza, cortes o fracturas.
- Recuperación inusual: si la persona no recobra la consciencia o presenta dificultades respiratorias.
- Casos especiales: si la persona está embarazada, tiene diabetes o presenta otros problemas médicos importantes.

Si finalmente tiene que trasladar al paciente, debe tener en cuenta:

- La posición de traslado tiene que ser cómoda, con la camilla lo más alejada posible de la pared derecha que le permita el rail de la bancada.
- Debe monitorizar las constantes: respiración, pulso, tensión, SpO_2 y glucemia.

Las crisis epilépticas son una parte visible de un trastorno neurológico complejo, pero actuando de modo adecuado pueden minimizarse sus riesgos.

Como interviniente, el papel de usted es crucial para garantizar la seguridad de la persona afectada y brindarle tranquilidad. Recuerde que el conocimiento salva vidas y que una intervención informada puede marcar la diferencia en la calidad de vida de quienes conviven con la epilepsia.

Aplicación práctica

Un hombre de 35 años se desmaya mientras camina por la calle. Observa que su cuerpo comienza a convulsionar, se tensa y después tiene movimientos rítmicos y descoordinados. No parece responder a estímulos externos y tiene la boca ligeramente espumosa.

1. **¿Qué sospecha diagnóstica podría considerar inicialmente en este caso?**
2. **¿Qué signos podrían confirmar que se trata de una crisis epiléptica?**
3. **¿Qué pasos debería seguir para intervenir correctamente mientras llega la ayuda médica?**

SOLUCIÓN

1. La presunción inicial podría ser una crisis epiléptica, debido a la descripción de convulsiones y pérdida de conciencia.
2. Los signos de alarma que confirman la crisis epiléptica incluyen movimientos rítmicos y descoordinados, pérdida de conciencia y saliva excesivamente espumosa en la boca.
3. La intervención inicial debe ser mantener la calma, proteger a la persona de posibles lesiones (evitar que se golpee contra objetos duros) y no intentar sujetarle las extremidades. Además, cuando cese la convulsión, hay que colocarla en PLS para evitar la broncoaspiración y asegurarse de que respire correctamente. Si la crisis dura más de 5 min, se debe llamar a los servicios de emergencia.

4.3. Síndrome meníngeo

El síndrome meníngeo es un cuadro clínico que constituye una emergencia neurológica, debido a su asociación con patologías potencialmente graves, como la meningitis o la hemorragia subaracnoidea. Este síndrome se produce por la irritación de las meninges, las membranas que recubren y protegen el cerebro y la médula espinal. Su identificación y manejo temprano son cruciales para prevenir complicaciones severas, incluida la muerte.

Las principales **causas** del síndrome meníngeo son:

- La meningitis es una de las principales causas de este síndrome. Esta condición se caracteriza por la inflamación de las meninges y puede ser de origen bacteriano, viral o incluso fúngico. La meningitis bacteriana, provocada por microorganismos como *Streptococcus pneumoniae* o *Neisseria meningitidis,* suele tener un inicio brusco y requiere atención médica inmediata, dado que representa una amenaza para la vida. Por otro lado, las meningitis virales, aunque menos graves, también pueden causar síndrome meníngeo, siendo los virus como el de la *influenza,* el herpes simple o el enterovirus algunos de los agentes más comunes.
- Otra causa significativa es la hemorragia subaracnoidea, que ocurre cuando hay un sangrado en el espacio subaracnoideo, usualmente debido a la rotura de un aneurisma cerebral. Este evento puede generar una irritación directa de las meninges, lo que desencadena el síndrome meníngeo.
- Otras causas menos frecuentes incluyen las neoplasias, que afectan a las meninges o procesos inflamatorios autoinmunes que comprometen estas estructuras.

La clínica que se observa para sospechar que se está frente a un síndrome meníngeo es la siguiente:

- **Cefalea intensa:** generalmente severa, de aparición rápida y a menudo acompañada de vómitos de tipo central (no precedidos de náusea). Esta cefalea puede ser incapacitante y empeorar con movimientos bruscos o ruidos fuertes.
- **Fiebre:** es un síntoma común, especialmente en los casos de meningitis infecciosa.
- **Rigidez de nuca:** uno de los signos más característicos, que se manifiesta como dificultad o dolor al intentar flexionar el cuello hacia adelante.
- **Alteraciones del estado mental:** los pacientes pueden presentar confusión, somnolencia, irritabilidad, e incluso entrar en estado de coma en situaciones graves.

- **Fotofobia:** sensibilidad marcada a la luz.
- **Fonofobia:** sensibilidad al ruido.

Algunos signos meníngeos específicos son:

- **Signo de Kernig:** respuesta rígida de la nuca cuando se intenta la flexión de la cadera hacia el abdomen.
- **Signo de Brudzinski:** rigidez severa del cuello que produce que las rodillas y la cadera del paciente se flexionen cuando se flexiona el cuello.

Importante

El tratamiento del síndrome meníngeo depende directamente de su causa subyacente y debe iniciarse de manera inmediata.

En estos casos, tan solo hay que remitirse a controlar sintomatología y constantes, y a trasladar de inmediato al paciente a un centro sanitario, para que el personal correspondiente le dé tratamiento.

4.4. *Delirium tremens*

El *delirium tremens* (DT) es una condición médica grave y potencialmente mortal que exige atención inmediata, especialmente dentro del contexto del soporte vital básico. Este trastorno es una manifestación extrema del síndrome de abstinencia alcohólica, que generalmente se presenta después de una interrupción brusca o reducción significativa en la ingesta de alcohol en personas que han consumido alcohol de manera crónica o prolongada. La gravedad del *delirium tremens* radica en su impacto sobre el sistema nervioso central, junto con alteraciones fisiológicas notables que afectan al organismo de forma generalizada.

La clínica en el *delirium tremens* es la siguiente:

Suele manifestarse entre 48 y 96 horas después de la última ingesta de alcohol, con la siguiente clínica:

- Alteraciones del estado mental
- Confusión
- Cambios bruscos de humor
- Agitación física y emocional
- Sensación generalizada de inquietud
- Alucinaciones visuales y auditivas
- Temblores intensos
- Sudoración profusa, taquicardia, hipertensión, fiebre y, en ocasiones, convulsiones

Este cuadro clínico puede empeorar rápidamente, por lo que es crucial reconocer los primeros signos de la afección para implementar un tratamiento adecuado antes de que se presenten complicaciones sistémicas severas, como deshidratación, desequilibrios electrolíticos, alteraciones en los niveles de glucosa y mala función cardíaca. Estas complicaciones fisiológicas requieren una intervención médica precisa y urgente.

Los **pasos** que seguir ante la sospecha de un cuadro de *delirium tremens* son:

- El primero de todos en este cuadro es avisar al SVA. Durante la espera habrá que asegurarse de que las vías respiratorias estén despejadas, monitorear las constantes y observar si hay signos de empeoramiento.
- Debido al nivel de agitación y confusión que los pacientes con *delirium tremens* pueden experimentar, es esencial reducir la exposición a estímulos externos que puedan desencadenar más estrés. Crear un ambiente tranquilo y protector es clave para su recuperación.

El manejo eficaz del *delirium tremens,* junto con estrategias preventivas y terapéuticas bien implementadas, puede proporcionar al paciente un camino más seguro hacia la recuperación y mejorar su calidad de vida a largo plazo.

4.5. Golpe de calor

El golpe de calor es una emergencia que se produce cuando los mecanismos del cuerpo para regular la temperatura fallan ante el calor excesivo, lo que lleva a una elevación peligrosa de la temperatura corporal. La temperatura corporal normal se mantiene cerca de los 37 °C, gracias a mecanismos como la sudoración y la vasodilatación. Sin embargo, en un golpe de calor, estas respuestas no son suficientes para disipar el exceso de calor, lo que resulta en un aumento crítico de la temperatura corporal, generalmente por encima de 40 °C. Este trastorno es común en condiciones de calor extremo o durante actividades físicas intensas, especialmente en climas cálidos y húmedos.

Existen dos **tipos principales** de golpe de calor:

- Golpe de calor clásico:
  - Ocurre en personas vulnerables como ancianos, niños o personas con enfermedades crónicas.
  - Se asocia con la exposición prolongada al calor en ambientes sin ventilación adecuada. Es frecuentemente empeorado por la deshidratación.
- Golpe de calor por esfuerzo:
  - Aparece en individuos, generalmente jóvenes, que realizan actividad física intensa en ambientes calurosos.
  - El aumento de temperatura debido al aumento exponencial del gasto metabólico generado durante el ejercicio tiende a acumularse sin poder disiparse correctamente, superando la capacidad del cuerpo para tolerar esta situación.

La cínica que hace sospechar de un posible golpe de calor es:

- Hipertermia severa: temperatura corporal superior a 40 °C.
- Piel caliente y seca: el sudor deja de ser funcional y tiende a desaparecer.
- Alteración neurológica: confusión, mareos, irritabilidad, dificultad para hablar, somnolencia y, en casos extremos, coma.

- Náuseas y vómitos.
- Taquipnea y taquicardia: ambos indicadores de estrés fisiológico.
- Convulsiones: pueden ocurrir en etapas avanzadas debido al daño neurológico por las altas temperaturas.

La actuación ante un golpe de calor debe seguir las siguientes acciones:

1. Lleve al paciente a un lugar fresco: retírelo del ambiente caluroso, colóquelo en un área sombreada o con aire acondicionado. Aplique compresas frías en el cuello, las axilas y la ingle. Si no hay agua, el alcohol es un excelente disipador del calor, pero hay que tener mayor monitoreo. Nunca se puede exponer al paciente a contrastes fuertes de temperatura. Esto debe ser gradual, ya que, si no, solo se conseguirá un efecto rebote, lo que va en contra de la situación, la va a empeorar.
2. Controlar constantes: pulso, respiración, SpO_2, tensión arterial y temperatura. Hay que actuar en consecuencia según los valores y en constante relación con el equipo médico.
3. Traslado al centro sanitario para rehidratación y control de la temperatura.

El golpe de calor no solo representa un desafío médico agudo, sino que puede dejar secuelas graves si no se trata a tiempo. El daño a órganos como el cerebro, los riñones y el corazón puede ser irreversible si la temperatura corporal no se controla rápidamente. Por ello, el enfoque proactivo, tanto en la prevención como en el manejo temprano, es clave para salvar vidas.

El golpe de calor es una condición crítica que requiere una respuesta inmediata y bien estructurada. Con una intervención adecuada y un enfoque preventivo, es posible minimizar los riesgos y proteger a las personas de los efectos adversos del calor extremo.

4.6. Actuación sanitaria inicial

Las emergencias neurológicas, como las crisis convulsivas, los accidentes cerebrovasculares (ACV) o los traumatismos craneoencefálicos, exigen una respuesta inmediata y estructurada. El primer paso es garantizar la seguridad del entorno, tanto para el paciente como para los intervinientes. Por ejemplo, durante una crisis convulsiva es fundamental retirar objetos cercanos que puedan causar lesiones.

Tras asegurar el entorno, se debe evaluar el nivel de conciencia del paciente utilizando las herramientas anteriormente estudiadas. Si el paciente está inconsciente o no responde adecuadamente, se debe activar de inmediato el sistema de emergencias médicas. Mientras llega el personal especializado, es esencial comprobar que las vías respiratorias estén despejadas y que el paciente respire adecuadamente.

Actuación inicial en emergencias psiquiátricas

Las emergencias psiquiátricas, como las crisis de ansiedad severa, los ataques de pánico o los episodios psicóticos, también requieren una atención inmediata y sensible. La aproximación debe ser calmada y empática, minimizando factores estresantes del entorno siempre que sea posible. Hablar con el paciente de forma tranquila puede ayudar a reducir la tensión y evitar un agravamiento de la crisis.

Si el paciente representa un riesgo para sí mismo o para los demás, la seguridad debe ser prioritaria. En estos casos, hay que mantener una distancia prudente y buscar asistencia especializada de inmediato.

Cualquier intervención en estos aspectos se debe basar en:

- Garantizar la seguridad: habrá de crearse un entorno seguro para el paciente y los intervinientes.
- Evaluar el estado de conciencia.
- Mantener la calma y la comunicación asertiva.
- Activar los servicios de emergencias de esta índole. Buscar la ayuda psicológica con prontitud.
- Estar preparado para realizar soporte vital básico.

La rapidez, precisión y empatía en la atención inicial de estas emergencias son determinantes para mejorar los resultados clínicos del paciente. Una intervención temprana y bien ejecutada puede salvar vidas y reducir significativamente las secuelas a largo plazo.

5. Signos de alarma ante cuadros de intoxicación y envenenamiento

La detección temprana de los signos de alarma en situaciones de intoxicación o envenenamiento es esencial para garantizar una respuesta oportuna y efectiva. Estos signos varían considerablemente según el agente tóxico, la vía de exposición, la dosis absorbida y las características individuales del paciente, como su edad, peso y estado de salud general. La capacitación adecuada de los profesionales en soporte vital básico permite identificar estas señales y actuar de manera inmediata.

Es posible encontrarse, en los casos de intoxicación y envenenamiento, con manifestaciones clínicas de varios tipos según el sistema o aparato que se vea afectado:

1. **Alteraciones neurológicas.** El sistema nervioso central es uno de los principales afectados en cuadros de intoxicación, especialmente en emergencias neurológicas y psiquiátricas. Los **signos** clave incluyen:

   - **Confusión aguda:** la desorientación o alteraciones en el estado mental son comunes y representan un signo preocupante.
   - **Convulsiones:** la presencia de convulsiones indica una intoxicación severa, a menudo asociada a sustancias como el alcohol, los sedantes o las drogas neurotóxicas.
   - **Alteración del estado de conciencia:** desde somnolencia, estupor hasta coma, estos síntomas pueden guiar hacia un neurotóxico.

2. **Manifestaciones cardiovasculares.** Las toxinas que afectan el sistema cardiovascular pueden generar:

   - **Arritmias:** pueden ser indicativos de intoxicación por fármacos como los digitálicos o los betabloqueantes.
   - **Hipotensión o hipertensión:** cambios abruptos en la presión arterial sugieren intoxicación sistémica.
   - **Dolor torácico:** aunque menos frecuente, puede presentarse si el agente tóxico afecta directamente el miocardio.

3. **Alteraciones respiratorias.** La vía respiratoria es altamente vulnerable ante ciertas intoxicaciones:

   - **Disnea:** la dificultad para respirar es común tras la inhalación de gases o vapores tóxicos.
   - **Depresión respiratoria:** frecuente con el uso de opioides, sedantes y otras sustancias depresoras del sistema nervioso central.

4. **Manifestaciones gastrointestinales.** El tracto digestivo también puede reflejar signos precoces de intoxicación:

   - **Náuseas y vómitos:** son de los primeros síntomas en la exposición a sustancias tóxicas ingeridas.
   - **Dolor abdominal intenso:** posiblemente indicativo de daño grave al tracto gastrointestinal, como, por ejemplo, provocan sustancias como la lejía cando se ingiere.
   - **Diarrea severa:** asociada a intoxicaciones alimentarias o por ciertas toxinas químicas.

5. **Manifestaciones dermatológicas.** Las reacciones cutáneas pueden proporcionar pistas clave:

   - **Erupciones o urticaria:** pueden aparecer tras la exposición a alérgenos, irritantes o ciertas toxinas.
   - **Diaforesis:** la sudoración excesiva es común en intoxicaciones por metales pesados o sustancias estimulantes.

6. **Otros signos de alarma:**

   - **Alteraciones pupilares:** la miosis (contracción pupilar) o midriasis (dilatación pupilar) son características de intoxicaciones por organofosforados, opioides o agentes anticolinérgicos. También se puede dar la anisocoria, aunque esta es más propia de infecciones sistémicas o trastornos neurológicos de otra índole.
   - **Cambios en la coloración de la piel y las mucosas:** la cianosis (color azul en piel y mucosas) indica hipoxia, mientras que la palidez

extrema o rubicundez pueden reflejar alteraciones circulatorias o metabólicas.

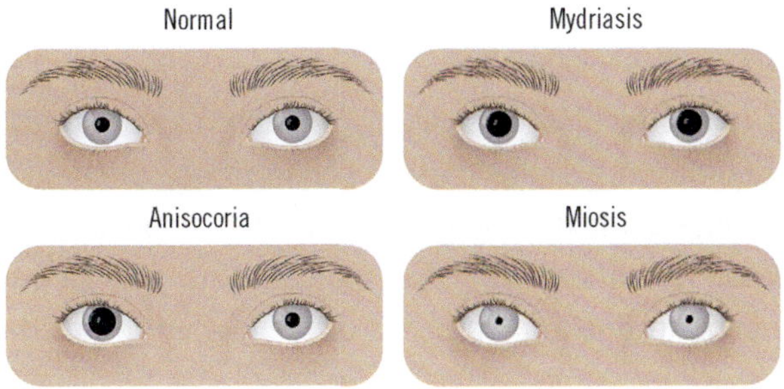

Cambios en el tamaño de las pupilas, y en su reactividad a la luz, pueden indicar patología relevante.

Los **pasos** que seguir ante una posible intoxicación son los siguientes:

- **Solicitar ayuda especializada:** activar el SVA, ya que, de manera general, se necesitarán antídotos para hacer frente a estas situaciones.
- **Monitorizar las constantes:** pulso, respiración, temperatura, tensión arterial y SpO_2 (y por medio del capnógrafo el CO_2, en el caso de que se sospeche intoxicación por gases). Se aplicará el método ABCDE, garantizando la permeabilidad de la vía aérea, suministrando oxígeno cuando sea necesario bajo orden facultativa.
- Se debe reunir el máximo de **información posible sobre su historia clínica y el tóxico** que está provocando la reacción, ya que este puede ser muy evidente (como el monóxido de carbono, o algunos organofosforados) o ser menos evidentes (como picaduras de insectos que no se pueden identificar fácilmente, intentos autolíticos en los que desconocemos la sustancia, drogas de abuso, las cuales son cada vez más sofisticadas, etc.).

El reconocimiento temprano y la intervención adecuada pueden marcar la diferencia entre la vida y la muerte en casos de intoxicación o envenenamiento. La capacitación continua de los profesionales en emergencias sanitarias es crucial para enfrentarse a estos eventos con eficacia y seguridad.

6. Cuadros infecciosos graves con alteración de la conciencia (respiratorios, abdominales, urológicos, neurológicos, estado séptico)

Que estén en una misma frase las palabras *infección* y *grave* informa del progreso de una infección que llega a comprometer múltiples sistemas del cuerpo, afectando de manera crítica, por lo tanto, al estado neurológico del paciente. En este contexto, los técnicos desempeñan un papel fundamental, ya que la rápida identificación de los signos de alarma y la implementación de medidas de soporte pueden marcar la diferencia entre la vida y la muerte del paciente.

Cuando se enfrenta a un paciente con alteración de la conciencia, es importante recordar que las causas subyacentes pueden variar, desde infecciones respiratorias severas hasta estados sépticos generalizados. Por ello, una evaluación completa y ordenada es esencial para priorizar intervenciones que mantengan las funciones vitales mientras se organiza el traslado a un centro de mayor complejidad.

6.1. Infecciones respiratorias

Las infecciones respiratorias graves, como la neumonía bacteriana o las infecciones virales, son causas comunes de alteración de la conciencia. Estas condiciones pueden llevar a hipoxia, hipercapnia y acidosis, factores que afectan directamente al sistema nervioso central y provocan confusión, desorientación o incluso pérdida de conciencia. La encefalopatía tóxica es una complicación frecuente en estas situaciones, resultado del daño sistémico producido por la infección.

En estos casos, es prioritario evaluar la función respiratoria. Los signos de alarma incluyen disnea severa, taquipnea, uso de músculos accesorios, cianosis y sonidos respiratorios anormales. También pueden presentarse fiebre alta y alteraciones neurológicas como letargo o confusión.

El manejo inicial debe centrarse en garantizar una vía aérea permeable, administrar oxígeno suplementario si está disponible y si lo pauta el facultativo, y además, colocar al paciente en una posición semisentada para facilitar la respiración. Es fundamental monitorizar los niveles de saturación de oxígeno y la frecuencia respiratoria para detectar deterioro. En casos graves, se debe activar el SVA.

6.2. Infecciones abdominales

Las infecciones intraabdominales, como la apendicitis que evoluciona en peritonitis o la colecistitis aguda complicada, pueden llevar a un abdomen agudo séptico. En estas situaciones, las toxinas bacterianas pueden entrar en el torrente sanguíneo, cruzar la barrera hematoencefálica y causar encefalopatía séptica. Esto se traduce en alteraciones del estado mental, como confusión, delirio o estupor, acompañadas de signos sistémicos como fiebre alta, taquicardia, taquipnea e hipotensión.

Hay que estar atento a signos como dolor abdominal intenso, abdomen distendido, abdomen en tabla y vómitos persistentes. Es crucial evitar la administración de alimentos o líquidos por vía oral.

En estos casos, el soporte hemodinámico con líquidos intravenosos (si está permitido según protocolo y dependiendo de si hay personal facultativo o no) y el traslado rápido a un centro hospitalario con quirófano son esenciales. La comunicación clara sobre los hallazgos clínicos facilita una intervención temprana y efectiva por parte del equipo médico avanzado.

6.3. Infecciones urológicas

Las infecciones urinarias de vías altas, como la pielonefritis, pueden complicarse con bacteriemia y sepsis, especialmente en pacientes inmunocomprometidos o de edad avanzada. Estas condiciones pueden manifestarse con fiebre alta, dolor en ambos flancos (o en el flanco afectado), dolor en región lumbar y región inguinal (debido al trayecto que siguen los uréteres) y alteraciones del estado mental, como agitación, confusión o letargo.

El técnico debe centrarse en garantizar la estabilidad hemodinámica del paciente. Si el estado de conciencia lo permite, es posible considerar la rehidratación oral, aunque siempre se debe priorizar la monitorización de las constantes vitales. En casos de sospecha de sepsis, la hipotensión persistente, la taquicardia y la piel fría y húmeda son indicadores de gravedad que requieren atención inmediata.

El traslado rápido al hospital y la notificación temprana al equipo médico sobre los hallazgos clínicos son esenciales para optimizar el manejo. En el entorno prehospitalario, las intervenciones se limitan a medidas de soporte mientras se garantiza la seguridad del paciente.

6.4. Infecciones neurológicas

Las infecciones del sistema nervioso central, como la meningitis y la encefalitis, representan emergencias médicas que requieren una atención rápida y especializada. La meningitis bacteriana puede presentarse con fiebre alta, cefalea intensa, rigidez de nuca y vómitos en escopeta, mientras que la encefalitis suele incluir confusión, alteraciones del estado de alerta y convulsiones.

En estas situaciones, la prioridad es proteger la vía aérea del paciente, especialmente si hay riesgo de vómitos o convulsiones. El control de las crisis convulsivas y la administración de oxígeno son medidas clave en el entorno prehospitalario. Además, debe evitarse cualquier movimiento brusco del cuello si se sospecha meningitis, ya que esto podría exacerbar el dolor.

El técnico debe monitorear constantemente el estado neurológico del paciente y coordinar un traslado urgente a un centro hospitalario. Una evaluación detallada de los síntomas y una comunicación efectiva con el equipo médico permitirán una intervención más rápida y específica.

6.5. Estado o *shock* sépticos

El *shock* séptico es una complicación avanzada de las infecciones sistémicas que resulta en hipoperfusión tisular y disfunción de múltiples órganos. En estos casos, la alteración del estado mental es un signo temprano de compromiso cerebral secundario a la hipoxia y la hipoperfusión.

Los signos de alarma incluyen hipotensión persistente, a pesar de la administración de líquidos, taquicardia, taquipnea y piel fría y moteada. Además, el paciente puede presentar confusión, letargo o coma, lo que indica un compromiso sistémico severo.

El manejo inicial en el entorno de soporte vital básico incluye la administración de oxígeno suplementario, la colocación del paciente en posición de Trendelenburg modificada para mejorar la perfusión cerebral y la monitorización constante de las constantes vitales. Es fundamental alertar al SVA y priorizar el traslado del paciente.

La formación continua en cuadros infecciosos graves y sus complicaciones permite a los técnicos estar mejor preparados para manejar estas situaciones críticas. Este entrenamiento, combinado con un enfoque ético y humano, asegura que los pacientes reciban la mejor atención posible, incluso en los entornos más desafiantes.

7. Resumen

En el ámbito de la atención médica de emergencia, las condiciones neuro lógicas y psiquiátricas representan un desafío significativo para los profesionales de la salud, debido a su complejidad y al rápido deterioro que pueden provocar en el paciente. La gravedad de estos episodios exige un reconocimiento temprano y una intervención adecuada para evitar complicaciones graves o incluso la muerte.

Los síntomas neurológicos y psiquiátricos se manifiestan de diversas maneras, desde alteraciones en el nivel de conciencia hasta cambios abruptos en el comportamiento. Reconocer estos síntomas es crucial, ya que varían considerablemente entre las patologías neurológicas y psiquiátricas más comunes, como los accidentes cerebrovasculares, las crisis epilépticas, el síndrome meníngeo, el *delirium tremens* y el golpe de calor. Estos trastornos pueden pasar desapercibidos en sus fases iniciales, pero su evolución puede llevar a situaciones graves que requieren intervención urgente.

La relevancia de esta unidad radica en su enfoque práctico y en las directrices claras para interpretar y actuar ante una serie de manifestaciones clínicas alarmantes, como convulsiones, déficit sensitivo y motor, agitación psicomotriz y diversos trastornos del comportamiento. Identificar estos signos permite no solo una actuación rápida, sino también diferenciar entre situaciones que exigen intervención inmediata y aquellas que pueden abordarse de manera menos urgente.

El manejo inicial se centra en estabilizar al paciente mientras se investiga la causa subyacente, basándose en patrones clínicos específicos. Además, las emergencias neurológicas y psiquiátricas no solo involucran alteraciones mentales o cerebrales; otras condiciones peligrosas, como infecciones graves con alteración de la conciencia, también requieren una atención minuciosa. Alteraciones en la conciencia provocadas por infecciones respiratorias, abdominales, urológicas o neurológicas subrayan la importancia de evaluar al paciente de manera integral y no subestimar la influencia de otros sistemas corporales en el estado mental.

Asimismo, el conocimiento de los signos de alarma en cuadros de intoxicación y envenenamiento complementa las habilidades del socorrista al permitir una identificación temprana y un tratamiento adecuado de estos casos potencialmente mortales. Este conocimiento puede ser crucial para asegurar una recuperación completa y prevenir un daño irreversible al paciente.

Este contexto subraya la importancia de una preparación exhaustiva en la atención inicial ante emergencias neurológicas y psiquiátricas. Al comprender las características y antecedentes de estas emergencias, los profesionales de la salud mejoran su capacidad de respuesta y eficacia en situaciones críticas, lo que optimiza los resultados para los pacientes y refuerza la confianza en los sistemas de soporte vital básico que garantizan el bienestar comunitario.

Ejercicios de repaso y autoevaluación

1. **Indique si la siguiente oración es verdadera o falsa:**

   "El manejo adecuado de las emergencias neurológicas y psiquiátricas depende únicamente de la intervención farmacológica, sin necesidad de realizar una evaluación clínica exhaustiva".

   ☐ Verdadero
   ☐ Falso

2. **Relacione los síntomas con las patologías correspondientes:**

   a. Caída de la mitad de la cara
   b. Movimientos rítmicos y descoordinados
   c. Confusión y agitación psicomotriz
   d. Fiebre y rigidez en el cuello

   __ Crisis epiléptica
   __ Accidente cerebrovascular
   __ Golpe de calor
   __ Meningitis

3. **Indique si la siguiente oración es verdadera o falsa:**

   "La agitación psicomotriz puede ser causada por trastornos psiquiátricos, pero también puede ser consecuencia de emergencias neurológicas o infecciones graves".

   ☐ Verdadero
   ☐ Falso

4. **Indique si la siguiente oración es verdadera o falsa:**

   "El golpe de calor puede causar alteraciones del nivel de conciencia, deshidratación severa y aumento extremo de la temperatura corporal".

   - ☐ Verdadero
   - ☐ Falso

5. **Complete la oración:**

   Cuando el paciente responde a estímulos verbales o dolorosos, pero vuelve a dormirse cuando el estímulo cesa, hablamos de ______________________.

Capítulo 5

Atención inicial ante emergencias gestacionales y cuidados al neonato

Contenido

1. Introducción
2. Fisiología del embarazo y desarrollo fetal
3. Fisiología del parto: fases de progreso y evolución; mecánica y valoración del trabajo de parto. Signos de parto inminente
4. Patologías más frecuentes del embarazo y parto
5. Protocolos de actuación en función del tipo de emergencia, situación de la embarazada y fase de mecánica del parto
6. Cuidados sanitario iniciales al neonato. Escala de Apgar. Protección del recién nacido.
7. Cuidados a la madre durante el "alumbramiento". Precauciones y protocolos básicos de atención
8. Resumen

1. Introducción

La etapa de la gestación supone un cambio del estado de salud de la mujer, en el que se pueden producir diversas patologías relacionadas con el propio embarazo. Así mismo, en este periodo, sin necesidad de que se presente una patología, aparecen cambios fisiológicos importantes que deberán ser tenidos en cuenta a la hora de atender a la mujer durante esta etapa de gestación. La presencia del feto, y su protección serán también una prioridad en caso de que se produzcan situaciones de riesgo.

2. Fisiología del embarazo y desarrollo fetal

Desde el momento de la fecundación, el embrión se someterá a cambios inmediatos tanto a nivel celular como orgánico durante las 40 semanas que dura un embarazo a término.

A continuación, se dan a conocer las distintas fases que tienen lugar durante la gestación.

2.1. Fecundación

Cuando el espermatozoide consigue penetrar en el óvulo u ovocito se inicia el embarazo; este es el llamado momento de la fecundación.

Teniendo en cuenta el ciclo menstrual, una vez se produce la ovulación, el óvulo puede ser fecundado en las siguientes 24 horas. El esperma se puede mantener vivo hasta 72 horas dentro del aparato reproductor femenino una vez se ha producido la eyaculación.

Una vez unidas las dos células, ovocito y espermatozoide, sus pronúcleos se unen para crear una nueva célula, que se denomina cigoto.

Esta nueva célula se irá dividiendo en el proceso de mitosis de forma sucesiva, en células más pequeñas, llegando al óvulo alrededor del día sexto tras la fecundación.

Esquema del proceso de formación del huevo o cigoto hasta que anida en el útero

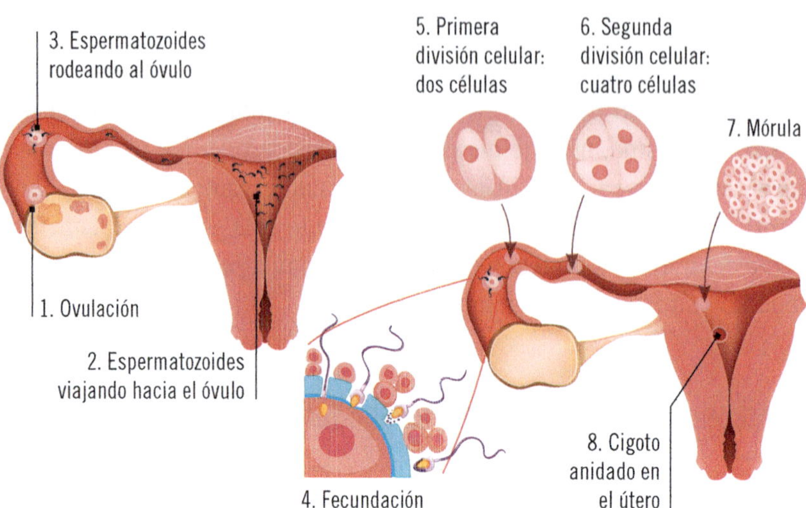

2.2. Implantación

Tras esta división celular inicial, al final de la primera semana se produce el fenómeno de la implantación del blastocito. Este se va a situar en el endometrio para vincularse a los capilares maternos, de los cuales se nutrirá durante el periodo de gestación.

El endometrio también sufre cambios significativos para poder proveer al cigoto de nutrientes y circulación.

Definición

Endometrio

Es una mucosa que recubre el interior del útero, que se regenera en cada ciclo menstrual en el caso de que no se haya producido la ovulación. Su eliminación corresponde a la fase de menstruación del ciclo menstrual. Su función es alojar al cigoto tras la fecundación, para que se pueda llevar a cabo la implantación y desarrollo de este.

En algunos casos la implantación puede suceder fuera del útero, en lo que se denomina **embarazo ectópico o extrauterino.** Esta implantación puede tener lugar en el ovario, la trompa de Falopio o el mesenterio. Esta implantación fuera de la cavidad uterina dará lugar en la mayoría de los casos a embarazos no viables, ya que es preciso que el desarrollo tenga lugar en el útero. Además, el embarazo ectópico puede suponer un riesgo para la salud de la madre.

A continuación, en la imagen se puede apreciar que la zona donde más habitual es la implantación extrauterina del óvulo es en la parte ampular de la trompa de Falopio, seguido del istmo de la trompa. Es menos habitual la implantación en intestino, ovario, abdomen o incluso en un pequeño porcentaje, la implantación puede aparecer en la zona distal del sistema reproductor, como es el cérvix.

Localización del embarazo ectópico

2.3. Desarrollo embrionario

A partir de la tercera semana tras la fecundación, y una vez el embrión está implantado, se inicia lo que se conoce como desarrollo embrionario, que durará hasta la octava semana. En este periodo, comienza a desarrollarse los tejidos.

A continuación, se detallan los procesos que tienen lugar durante estas semanas en el desarrollo embrionario:

- **Semana 3.** Tiene lugar la etapa llamada gastrulación. Se inicia la formación del tubo neural y el corazón comienza a latir. El embrión mide entre 1,5 a 2,5 mm.
- **Semana 4.** Se produce el cierre del tubo neural, se empiezan a diferenciar las extremidades superiores en forma de yemas, así como la cola y las hendiduras branquiales. La medida será en torno a 3-5 mm.
- **Semana 5.** Los ojos comienzan a formarse, el encéfalo crece y se comienzan a conformar las piernas. El tamaño será entre 7 a 9 mm.
- **Semana 6.** Tiene lugar la formación de los pabellones auriculares, los dedos están aún unidos por membranas, desaparecen la cola y las hendiduras branquiales. Su medida será entre 8 a 11 mm.
- **Semana 7.** Se diferencian los dedos de los pies también unidos por membranas. Los huesos comienzan a ser más consistentes, la espalda se rectifica y se comienzan a diferenciar los párpados. El tamaño será entre 1,7 a 2 cm.
- **Semana 8.** A partir de esta semana se empiezan a diferenciar todos los órganos y tejidos en lo que es llamado desarrollo fetal. En esta semana los dedos y los brazos ya son móviles y comienzan a diferenciarse los rasgos faciales. La medida será entre 2,3 y 2,8 cm.

Semana 3	Semana 4	Semana 5	Semana 6	Semana 7	Semana 8
Embrión					
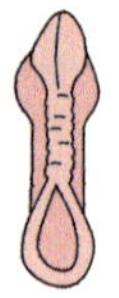	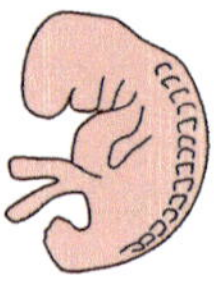	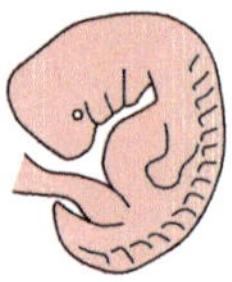	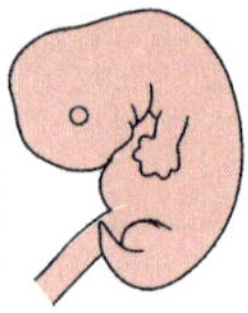	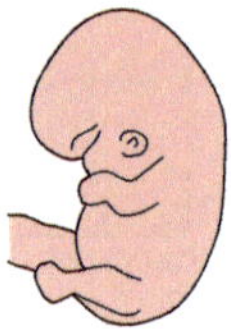	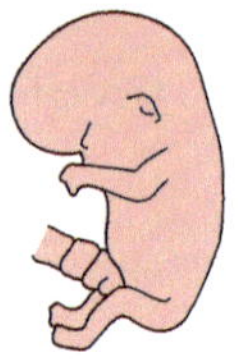
1,5 a 2,5 mm	3 a 5 mm	7 a 9 mm	6 a 11 mm	1,7 a 2,0 cm	2,3 a 2,8 cm

2.4. Desarrollo fetal

El desarrollo fetal tiene lugar desde la novena semana hasta el nacimiento. Los órganos y sistemas corporales se desarrollan, maduran y aumentan de talla y peso.

A continuación, se detalla el proceso de desarrollo fetal por semanas:

Semana 9 a 12	- Aumenta la longitud. Disminuye el crecimiento de la cabeza. - Actividad muscular y movimientos no percibidos. - Se diferencian genitales externos según género. - Asas intestinales en cavidad abdominal. - Secreción biliar. - Centros primarios de osificación - Eritropoyesis de hígado y bazo. - Formación de orina - Esbozos de pelo, glándulas sudoríparas y uñas.
Semanas 12 a 20	- Proporciones finales relativas - Movimientos fetales percibidos (semana 17) - Vérmix caseosa para proteger la piel fetal. - Lanugo. - Cejas y pelo visibles. - Formación de la grasa parda (produce calor) - Osificación del esqueleto. - Aparece el reflejo de succión. - Cabeza erguida.
Semanas 20 a 34	- Ganancia de peso importante. Grasa subcutánea - Uñas llegan hasta el borde de los dedos. - Reflejo pupilar a la luz. - Apertura de ojos en la semana 25. - El lanugo desaparece de la cara. - SNC maduro. - Comienza la eritropoyesis en la médula ósea. - Comienza la secreción de surfactante pulmonar.
Feto a término	- Aspecto rollizo y piel blanquecina o rosada. - Desparece casi todo el lanugo. - El agarre es firme en la semana 35. - Testículos descendidos al escroto. - El feto suele adoptar la presentación cefálica.

? Sabía que...

Un embarazo gemelar puede ser bicigótico o fraternal, en el que se ha producido la fecundación de dos óvulos por dos espermatozoides diferentes, por lo que los fetos serán distintos desde el punto de vista genético. Poseen bolsas amnióticas separadas y placentas independientes en la mayoría de los casos.

Otro tipo de embarazo gemelar es el monocigótico o idéntico en el que solo ha sido fecundado un óvulo por un solo espermatozoide, el cual se dividirá finalmente en dos partes iguales, por lo que los fetos serán idénticos.

3. Fisiología del parto: fases de progreso y evolución; mecánica y valoración del trabajo de parto. Signos de parto inminente

Se considera que el parto tiene lugar cuando el feto y los productos de la concepción salen al exterior. Para que un parto se deba considerar normal, deberá estar caracterizado por una actividad uterina rítmica y además se presentará el borramiento y dilatación cervical, así como el descenso de la presentación fetal.

Se denomina **parto eutócico** al parto normal, que tiene un inicio espontáneo, y que se presenta cuando el feto ha alcanzado la semana 37 de gestación, lo cual se denomina parto a término. En un parto eutócico, el feto se presentará en posición cefálica.

El parto que no es normal, es decir, **parto distócico,** se presenta por varias razones como las siguientes:

- Presentación fetal anormal
- Enlentecimiento o aceleración del ritmo del parto
- Embarazo múltiple
- Distocia de partes fetales
- Malformaciones

- Sufrimiento fetal
- Macrosomia

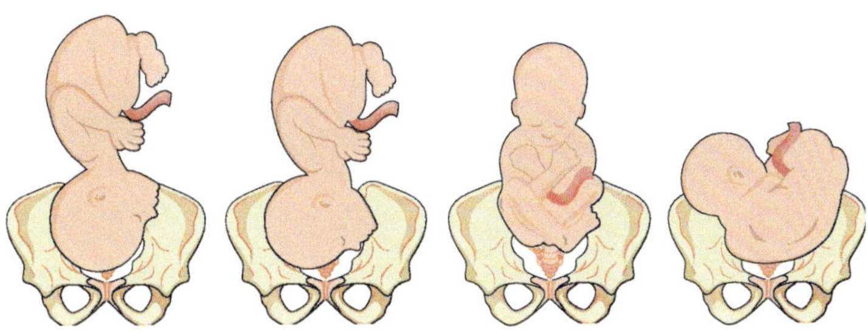

3.1. Fisiología del parto y signos de parto inminente

Cuando un servicio de urgencias se encuentra ante la situación de un parto inminente es necesario valorar dos aspectos: primero, la **fase del parto** en la que se encuentra la mujer, y segundo, valorar la **posibilidad de traslado,** en función de la fase de parto y la distancia al centro sanitario más cercano.

Existen una serie de signos que indican que el parto está cercano y que en breve se iniciará. Estos signos, conocidos como **pródromos,** son los siguientes:

- Aumento del flujo vaginal.
- Contracciones no dolorosas. Son las conocidas como contracciones de Braxton-Hicks (nombre del médico que las descubrió). Se inician a partir del primer trimestre de embarazo y la mujer no las siente como dolorosas. Cuando se acerca el parto, estas contracciones se vuelven más frecuentes. Son irregulares y no intensas. Puede que alguna de ellas sí que las perciba la madre como dolorosa, y en ocasiones provocan dudas de si son las contracciones de Braxton-Hicks (que van preparando al útero para el parto e inician la maduración cervical) o las contracciones reales (que contraen el útero para la salida del feto).
- Inicio de la maduración del cuello del cerviz, favorecido por las contracciones de los pródromos.
- Debido a las modificaciones del cuello, se expulsa el tapón mucoso uterino.
- Descenso del feto, hasta encajarse en el inicio del canal del parto.

Recuerde

Tras la aparición de los pródromos, que pueden durar desde horas hasta algunos días, el parto está próximo.

3.2. Fases del parto

Un parto consta de tres fases: fase de dilatación, fase de expulsión y fase de alumbramiento. A continuación, se exponen de manera esquematizada las características principales de cada una.

Fase de dilatación

En esta fase se inician las contracciones dolorosas. Además, el cuello del útero va a sufrir diferentes modificaciones para prepararse para el parto.

Esta fase finaliza cuando se alcanza una dilatación de 10 centímetros.

Para la valoración de esta fase se emplea el Test de Bishop (test creado por Bishop en 1964), que proporciona una puntuación mediante la valoración de los siguientes parámetros:

- Consistencia del cuello uterino (dura, media o blanda).
- Posición del cuello (posterior, media o centrada)
- Borramiento. El borramiento es la disminución de la longitud del canal cervical que sucede durante el parto.
- Dilatación uterina.
- Grado de descenso de la presentación. Valora la localización de la primera parte que está presentada del feto (cabeza, pie o tronco), con respecto a los planos de Hodge (líneas imaginarias que dividen la pelvis de la madre e indican a qué altura se localiza el feto en cada momento del parto, durante el descenso de este por el canal del parto).

Nota

La valoración de estos parámetros se realiza mediante tacto vaginal.

A estos cuatro valores anteriores les vamos otorgando una puntuación del 0 al 3, como podemos observar en la tabla del test expuesta a continuación. La suma total de las puntuaciones de cada parámetro permite predecir el éxito de la inducción del parto. La Sociedad Española de Ginecología y Obstetricia realiza está clasificación:

- Si la puntuación obtenida es superior a 7, la maduración es adecuada y la eficacia del parto será de un 95 %.
- Si la puntuación en el test de Bishop se sitúa entre 4 y 6, el éxito del parto será de un 80-85 %.
- Con un Bishop menor de 3, el éxito es de un 50 %.

	0	1	2	3
Consistencia	Dura	Media	Blando	
Posición	Posterior	Central	Anterior	
Borramiento	0-30 %	40-50 %	60-70 %	80 %
Dilatación	0 cm	1-2 cm	3-4 cm	5-6 cm
Presentación	Sobre E.S.	Primer plano	Segundo plano	Tercer plano

Test de Bishop

Importante

Con una puntuación inferior a 6 es necesario proceder a la maduración del cérvix antes de proceder con la inducción del parto.

Representación de las cuatro líneas imaginarias que forman los llamados planos de Hodge

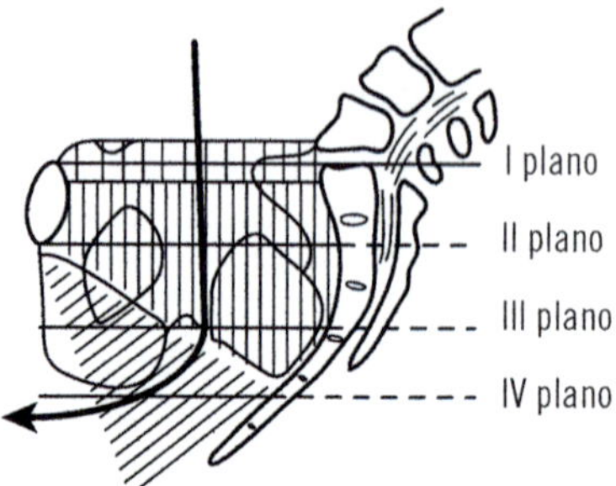

Importante

Podemos afirmar que el parto se ha iniciado cuando:

- Las contracciones dolorosas tienen una regularidad de 2 o 3 contracciones cada 10 min.
- La dilatación del cuello del útero es de al menos 2 o 3 cm.
- Existen evidencias de madurez cervical (consistencia cervical blanda, posición centrada y el borramiento del útero es superior al 50 %).

Fase de expulsión

Las contracciones se vuelven intensas y más frecuentes. Esta fase finaliza con la expulsión del bebé. La duración normal de este periodo es de una media de 20 min en la multíparas y de 50 min en las nulíparas.

El feto desciende por el interior de la vagina materna a través de la pelvis ayudado por las contracciones y por el empuje o pujos que realiza la madre, que hace que las contracciones sean más efectivas y favorecen de este modo el descenso del bebé.

En la atención del parto in situ, se explica cómo se efectúa la salida de la cabeza y resto del cuerpo del bebé.

Sabía que...

En la primera hora tras iniciarse el periodo expulsivo, el 90 % de las mujeres multíparas ya han expulsado a su bebé y un 60 % de las nulíparas también.

Fase de alumbramiento

Tras el nacimiento del bebé, se produce la expulsión de la placenta y anejos. Por lo general, dicha expulsión se efectuará de forma natural. Si es así, este periodo dura entre 15 y 30 min tras la salida del bebé.

La placenta y resto de anejos deben desprenderse y no se intentará traccionar para desprenderlos forzadamente para no producir la rotura de estos y que queden porciones en el interior del útero.

Tras la finalización de este periodo, el útero materno se va a situar contraído y duro dos traveses de dedo por encima del ombligo de la mujer.

4. Patologías más frecuentes del embarazo y parto

Durante la gestación y el parto pueden aparecer una serie de complicaciones que afectan a los diversos sistemas, como el circulatorio, gastrointestinal y genito urinario.

Tanto la madre como el feto estarán en riesgo de diversas situaciones, que pueden ser graves y dejar secuelas en ambos, incluso pueden ser mortales.

Un correcto seguimiento de la embarazada y el feto durante la gestación serán clave para prevenir, diagnosticar y tratar a tiempo las diversas complicaciones que puedan surgir.

4.1. Embarazo ectópico

Cuando el embrión se implanta fuera de la cavidad uterina se denomina embarazo ectópico. Es más frecuente que esta implantación extrauterina tenga lugar en la trompa de Falopio, aunque, como se vio anteriormente en este capítulo, también puede producirse en el ovario, en la cavidad abdominal o mesenterio, en el cérvix o la parte distal de la trompa.

Una de las causas del embarazo ectópico es la enfermedad inflamatoria pélvica, las esterilizaciones tubáricas y la endometriosis.

Los síntomas iniciales coinciden con los propios de un embarazo normal, y se acentuará el dolor abdominal, sangrado vaginal que irá en aumento y puede dar lugar a un *shock* hipovolémico. El diagnóstico se hará mediante determinación de los niveles de bHCG en sangre y ecografía transvaginal.

En algunos casos el embarazo ectópico se resolverá de forma espontánea, en los casos en que no se resuelva, será preciso un tratamiento farmacológico o tratamiento quirúrgico.

4.2. Aborto

El aborto puede ser natural o espontáneo y provocado tiene lugar de una u otra forma en el momento en que el embarazo se interrumpe. El aborto provocado por intención de la madre, tiene cabida dentro de las primeras 22 semanas por diversas causas establecidas por la ley española.

Las causas más habituales son las alteraciones genéticas de cigoto, infecciones maternas, otros factores inmunológicos, malformaciones anatómicas o factores ambientales. Los abortos suponen en torno al 20 % de los embarazos, y algunos abortos se producen sin que ni siquiera la gestante haya tenido conocimiento de que estaba embarazada.

Existe una clasificación según su evolución, como puede ser la siguiente:

- **Amenaza de aborto:** aparece sangrado vaginal en el primer trimestre que puede estar acompañado por dolor abdominal. En este caso, el aborto, aunque no es probable, puede ser reversible con algunos cuidados y tratamientos.
- **Aborto inminente:** cuando el aborto aún no se ha producido, pero alguna causa ya lo predispone. Se trata de un proceso irreversible. El cérvix se encuentra abierto, listo para dejar salir los anejos de la gestación.
- **Aborto consumado:** puede ser retenido o diferido, incompleto y completo. En todos estos casos ya se ha interrumpido el embarazo, y se diferencian en cuanto a la salida de anejos de la gestación al exterior. En el aborto retenido, no hay actividad uterina que pueda dar lugar a esta salida al exterior, de manera que se deberá realizar de forma quirúrgica. En cuanto al aborto incompleto, parte de los productos de la gestación han quedado dentro y otros han salido de forma espontánea, y en el aborto completo, todos los productos de la concepción han salido al exterior.

Existen diversos tratamientos en función del tipo de aborto y del estado de la gestante. En el caso de tratamiento quirúrgico, se realiza un legrado, y el tratamiento farmacológico será con prostaglandinas vaginales para facilitar el vaciamiento del útero.

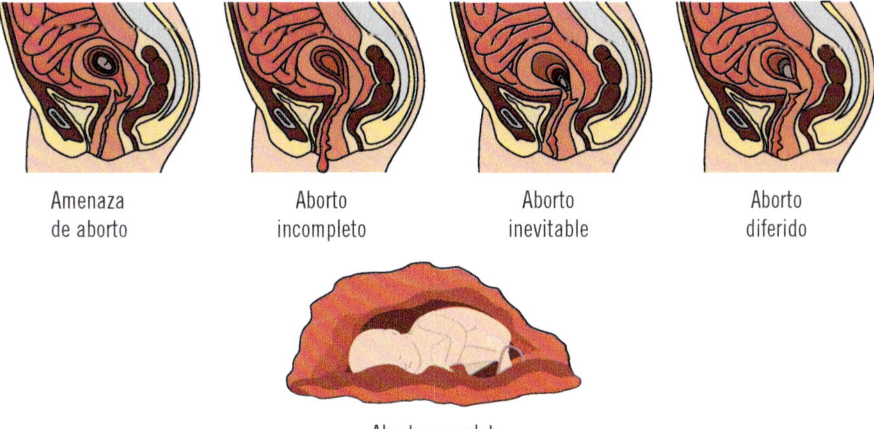

4.3. Diabetes gestacional

La diabetes gestacional es un trastorno a nivel endocrino que se produce durante el periodo de gestación. No se debe confundir con la diabetes Mellitus, enfermedad de la que puede estar afectada la madre desde antes de la gestación de forma crónica. La diabetes gestacional aparece en el periodo de gestación al producirse alguna intolerancia a la gluscosa, debido a la resistencia a la insulina que se desarrolla en el embarazo. Entre los factores de riesgo más habituales se encuentran la obesidad, los antecedentes de diabetes y la edad de la gestante como los más importantes.

Desde las primeras determinaciones analíticas, ya se analiza la glucosa en sangre en ayunas, pero para su diagnóstico se realiza el test de O´Sullivan, que consiste en que la gestante tome 50 g de glucosa y a los sesenta minutos se realiza la extracción. Si las cifras de glucemia son superiores a 140 mg/dl, se confirmará con el llamado test de tolerancia oral a la glucosa, que consiste en un seriado de determinaciones de glucemia tras la ingesta de 100 g de glucosa en ayunas. Se tendrán en cuenta los valores obtenidos en la serie (que se hará una hora, dos horas y tres horas tras la ingesta de la glucosa).

En caso de confirmarse la diabetes gestacional, el tratamiento estará basado en dieta, ejercicio e insulina. El control estricto de la glucemia será indispensable durante el resto del embarazo.

Como norma general, tras el parto, desaparece la incapacidad de sintetizar la insulina, pero en algunos casos esta diabetes gestacional será la puerta para la presencia de diabetes Mellitus de forma crónica.

4.4. Hipertensión

La hipertensión durante el embarazo es una de las causas más habituales de mortalidad tanto fetal como materna. Se diagnostica cuando la tensión arterial sistólica es mayor de 140 mmHg y la tensión arterial diastólica supera los 90 mmHg.

La hipertensión inducida por la gestación suele aparecer tras la semana 20 de gestación, y puede ser transitoria; la que la alteración de la tensión arterial desaparece tras el parto. Se habla que la preeclampsia tiene relación con antecedentes familiares y personales, embarazo múltiple, primer embarazo, edad extrema, presencia de diabetes u obesidad. La preeclampsia requiere de un control y tratamiento adecuado y estricto, ya que puede conllevar a disfunciones renales, hepáticas y hematológicas.

Entre las manifestaciones clínicas de la preeclampsia aparece el dolor de cabeza, dolor epigástrico, somnolencia, alteraciones visuales, náuseas y vómitos.

En este caso, el tratamiento se intenta prolongar hasta alcanzar la semana 37 de gestación para inducir el parto posteriormente.

La **preeclampsia** puede producir una serie de complicaciones como son la **ecplampsia,** que es la culminación de la preeclampsia no controlada, en la que pueden aparecer convulsiones y coma; y el **síndrome de Hellp**, en este último se produce hemolisis, fallo hepático y disminución de las plaquetas. El síndrome de Hellp tiene un alto índice de mortalidad materno fetal.

4.5. Hiperémesis gravídica

La hiperémesis gravídica es la situación de vómitos continuos y regulares que presenta la embarazada. Suele aparecer a partir de la quinta semana de la gestación, y tiende a desaparecer en torno a la semana 9. En algunos casos las náuseas pueden persistir durante toda la gestación.

Es importante vigilar de cerca el peso de la gestante en caso de que las náuseas se prolonguen, ya que una pérdida de peso mayor de 5 % se relaciona con crecimiento intrauterino retardado, y será pertinente su ingreso hospitalario en caso de que no sea posible la vía oral, para rehidratación y reposición de electrolitos.

Existe un tratamiento farmacológico con alta efectividad que se puede tomar a lo largo del embarazo.

4.6. Crecimiento intrauterino retardado

Cuando el aumento de tamaño y peso del feto está por debajo del contemplado en el percentil 10, se considera crecimiento intrauterino retardado (CIR).

Entre los factores de riesgo que lo provocan se pueden incluir el estado nutricional de la madre, el consumo de tabaco, alcohol y otras drogas, así como alteraciones fetales como infecciones, trastornos genéticos insuficiencia placentaria.

En casos de CIR, se llevará a cabo un estrecho control del peso de la medre y el feto, e intentar alargar la gestación lo máximo posible en condiciones de seguridad, hasta conseguir la maduración pulmonar fetal, y, una vez haya nacido, incentivar la ganancia de peso en la unidad de neonatos.

4.7. Amenaza de parto pretérmino

Se considera parto pretérmino cuando este tiene lugar antes de la semana 37 de embarazo. Cuanto antes sea la fecha de parto con respecto a la edad gestacional a término (40 semanas) mayor es el riesgo de morbimortalidad neonatal, por la inmadurez respiratoria y circulatoria.

Con respecto a la etiología de la amenaza de parto pretérmino están las infecciones, enfermedades previas o aparecidas durante la gestación, malformaciones del útero, hábitos tóxicos, así como edad materna, estado nutricional, estrés, etc.

Es preciso un tratamiento que incluya reposo y medicación tocolítica (detiene las contracciones), así como la administración a la madre de corticoides para garantizar la maduración pulmonar en caso de que no se pueda retener el feto y se produzca el parto.

Sabía que...

Los tocolíticos son fármacos que se utilizan para detener la actividad de parto. Entre sus formas de administración pueden ser vía oral, intravenosas o vaginales.

4.8. Rotura prematura de membranas

Cuando el líquido amniótico sale de su saco ovular tras la semana 20 de gestación, se considera rotura prematura de membranas (RPM) sin que se haya iniciado el parto.

Existen muchas causas, como infecciones, embarazo múltiple, tactos vaginales, etc.

Será importante tener en cuenta la edad gestacional para la actuación adecuada. Si ya es a término (más de 37 SG), se pueden esperar hasta 24 horas para la inducción al parto, siempre que la madre no sea portadora de Estreptococo, ni exista sufrimiento fetal o sangrado; en este caso la inducción al parto se hará de forma inmediata.

Si se trata de una gestación pretérmino, la mujer guardará reposo, se administrará antibioterapia y corticoides para acelerar la maduración pulmonar fetal. En caso de que haya sufrimiento fetal, se finalizará la gestación, con mayor riesgo de problemas para el bebé cuanto menor sea su edad gestacional.

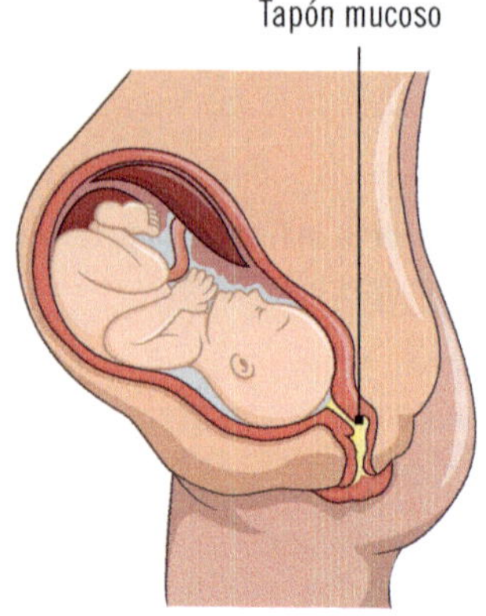

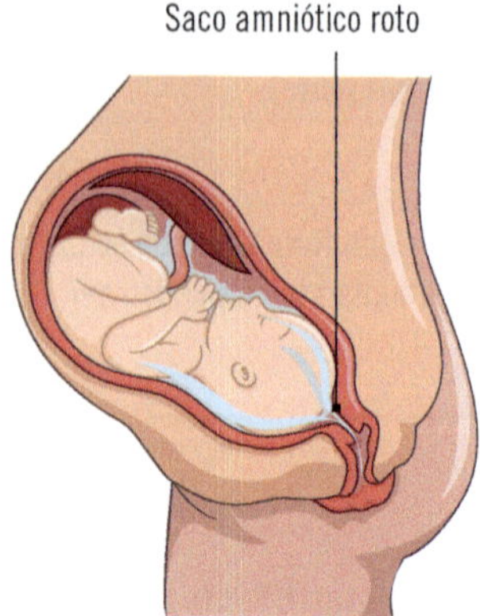

4.9. Metrorragias

Se considera metrorragia a todo sangrado de origen ginecológico. En el contexto de un embarazo, las metrorragias pueden ser fruto de complicaciones del mismo. Las más habituales son las metrorragias del primer trimestre (primeras 12 semanas de la gestación) que constituyen una urgencia médica. Se suelen presentar en un 15-30 % de los embarazos de curso normal. Pueden ser signo de implantación en las primeras semanas, de amenaza de aborto, de embarazo ectópico, de aborto en curso, y lesiones varias.

En semanas más avanzadas de la gestación, el sangrado puede estar relacionado con una mala posición de la placenta, lo cual también se considera una urgencia para la gestante y el feto.

Entre las causas de metrorragia en semanas avanzadas del embarazo se presentan los siguientes:

- **Placenta previa:** en la que esta se sitúa en la parte inferior del útero, y puede suponer una oclusión total del orificio cervical, parcial o marginal. La hemorragia que se presenta no va acompañada de dolor, y la sangre será roja.
  Se trata con reposo y un control estrecho de la actividad fetal. No se recomienda hacer tactos vaginales.

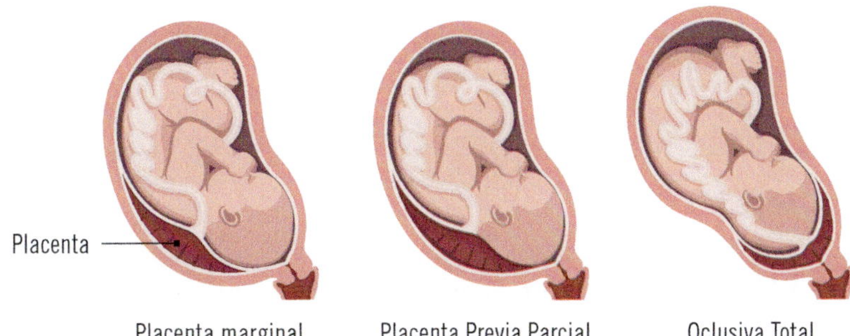

- **Desprendimiento de placenta normoinserta (DPNI):** en la que se produce una separación parcial o total de la placenta en el lugar al que le correspondería antes de que se produzca el alumbramiento. En este caso el sangrado es oscuro y sí aparece dolor intenso. Puede dar lugar a *shock* hipovolémico y trastornos de la coagulación de la madre, con el consiguiente riesgo fetal. Se procederá a practicar una cesárea si el feto o la madre están en peligro.

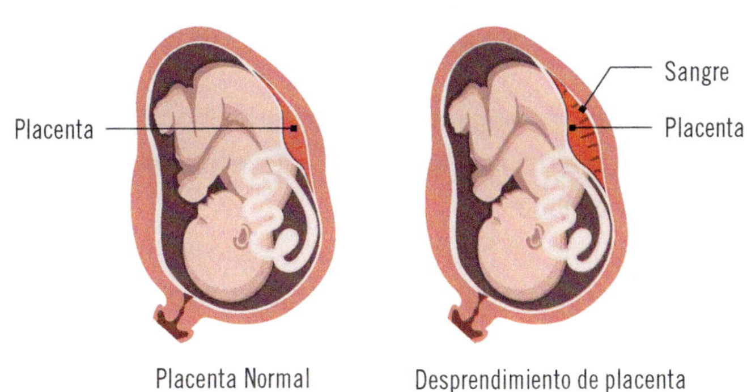

5. Protocolos de actuación en función del tipo de emergencia, situación de la embarazada y fase de mecánica del parto

Ante una emergencia obstétrico-ginecológica será imprescindible una actuación efectiva y rápida por parte de los servicios de emergencia especializados para evitar que la vida de la mujer y/o del feto corra peligro durante el desarrollo del embarazo, parto y puerperio.

A continuación, se describen los protocolos a seguir según el tipo de emergencia.

5.1. Hipertensión

La hipertensión durante el embarazo puede derivar en patologías más graves como preeclampsia, eclampsia y síndrome de Hellp, descritos anteriormente en este capítulo.

Como se explicó, suele aparecer en el tercer trimestre de embarazo, y puede llegar a afectar a varios órganos.

Tanto la eclampsia, que desencadena una crisis convulsiva en la madre, como el síndrome de Hellp son las presentaciones más peligrosas de hipertensión gravídica.

Con respecto a la eclampsia, en caso de que se presente el cuadro convulsivo, se deberá actuar como en otra presentación de convulsiones:

- No inmovilizar a la gestante.
- Proteger su cabeza y el abdomen para evitar que se golpee y el feto pueda verse dañado.
- Asegurarse que la vía respiratoria está despejada mediante la retirada de prendas que opriman su garganta, retirada de objetos en la cavidad oral, y apertura de la vía aérea, por medio de la maniobra frente-mentón, que mantendrá la vía aérea abierta.
- No se deben introducir objetos en la boca de la gestante.
- Será adecuado si es posible colocar a la mujer una posición de decúbito lateral, para mantener la vía aérea permeable en caso de vómitos o secreciones.

El síndrome de Hellp es una patología agresiva que requiere un manejo urgente y especializado, debido a la afectación hepática y hematológica que provoca en la madre. Tiene una incidencia de 1 a 150 nacimientos. La tasa de mortalidad asociada a la madre es de 3,5 % y para el feto del 33 %.

5.2. Hemorragias

Las hemorragias pueden presentarse en los distintos trimestres del embarazo. Constituyen la tercera causa directa de muerte materna y en todas las edades gestacionales deben considerarse una emergencia, y debe ser atendida de forma urgente. La pérdida de sangre puede dar lugar a desarrollo de una coagulopatía, *shock* hipovolémico, insuficiencia renal y muerte fetal entre otras complicaciones.

La actuación a llevar a cabo tendrá las siguientes consideraciones:

- Se debe valorar la cantidad de pérdida de sangre, y proceder a la reposición de volumen, mediante cristaloides como suero fisiológico y Ringer Lactato, o coloides si es necesario.
- Se hará una valoración de la hemorragia vaginal, valorando el color de la sangre (rojo vivo, rojo oscuro), la consistencia (limpia o con coágulos o productos de la concepción).
- Se deben controlar, si las hubiera, las contracciones, evaluando el estado fetal mediante registro cardiotocográfico.
- Se debe solicitar información sobre todo lo relacionado con el embarazo, cartilla de embarazo, si la hubiera, o datos y antecedentes de la gestante.

También pueden darse hemorragias durante el parto y en el posparto. La hemorragia que se produce durante el parto puede tener como origen placenta previa o desgarros uterinos.

En el posparto es muy importante el control del sangrado. Se considera hemorragia puerperal a la pérdida de más de 500 ml de sangre en el posparto eutócico o más 1.000 ml tras una cesárea. Está considerada la primera causa de muerte materna posparto en países desarrollados.

Son varias las causas que pueden provocar la hemorragia posparto:

- **Atonía uterina:** el útero es incapaz de continuar con las contracciones después de la expulsión del feto o durante los últimos momentos del parto, produciéndose una retención de la placenta y anejos.

- **Traumatismos:** si durante el parto se produce un traumatismo puede dar lugar a un desgarro del tejido uterino o del canal de parto, dando lugar a una hemorragia.
- **Retención de tejido:** si algunas partes de la placenta, o del feto en caso de aborto, quedan dentro del útero, pueden dar lugar a hemorragias.
- **Coagulopatías:** puede estar desencadenado por otras patologías del embarazo, como el síndrome de Hellp, que dan lugar a fallos de la coagulación que predisponen al sangrado.

El tratamiento en caso de rotura uterina pasará por las siguientes actuaciones:

- Monitorización hemodinámica estricta.
- Cirugía de urgencia, para extraer al feto mediante cesárea. Se realizará histerectomía en caso de imposibilidad de reparar la rotura uterina.
- En caso de no extirpar el útero, si se producen embarazos posteriores, el riesgo de rotura será alto.

5.3. Fase activa de parto

Tras la determinación de la fase de parto en la que se encuentra la paciente, se procederá a valorar si es posible y recomendable el traslado a un centro hospitalario, valorando el resto de factores a tener en cuenta.

Existen unas recomendaciones generales que sirven de primera valoración, aunque, por supuesto, deberán atenderse otros factores que pudieran influir sustancialmente en la decisión final:

- Si se está en la fase de dilatación y el centro sanitario se encuentra a un tiempo estimado de menos de 30 min, se realizará el traslado.
- Si la fase de dilatación está avanzada y la distancia al centro hospitalario es superior a 30 min, se debe atender a la paciente en el sitio y no trasladarla.
- Si nos encontramos en la fase expulsiva, se atenderá sin trasladar.
- Si se presentan complicaciones, se trasladará al centro hospitalario donde puedan atenderla con mayores garantías.

Parto *in situ*

Si el equipo decide que no se efectúa el traslado y que el parto se atiende in situ, estas son las medidas a seguir:

- Intentar **tranquilizar** a la parturienta.
- Proporcionar **intimidad,** dentro de las posibilidades.
- **Toma de constantes** y vigilancia de las mismas durante todo el proceso.
- Colocar a la mujer en **posición de litotomía** o ginecológica.

Posición ginecológica o de litotomía

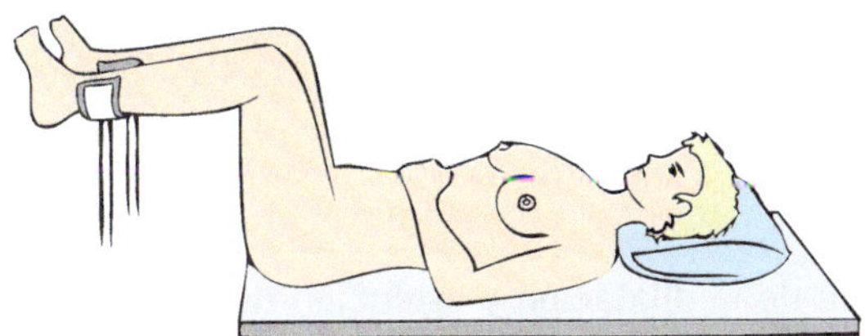

- Valoración de la presentación, posición y situación fetal y encajamiento del feto, mediante la realización de las **maniobras de Leopold.**

Representación de la técnica de realización de las cuatro maniobras de Leopold

Primera y segunda palpitaciones

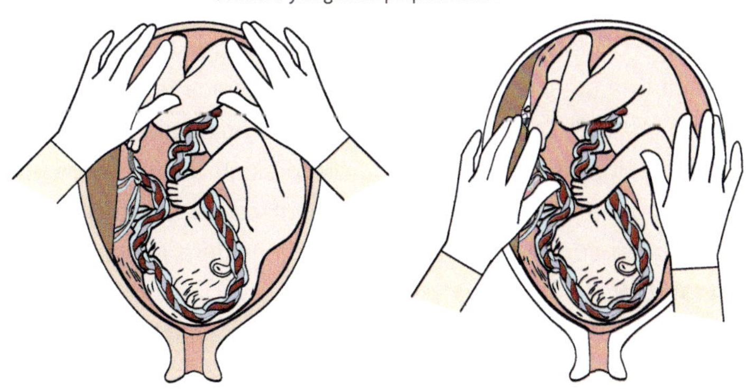

Continúa en página siguiente >>

<< Viene de página anterior

Tercera y cuarta palpitaciones

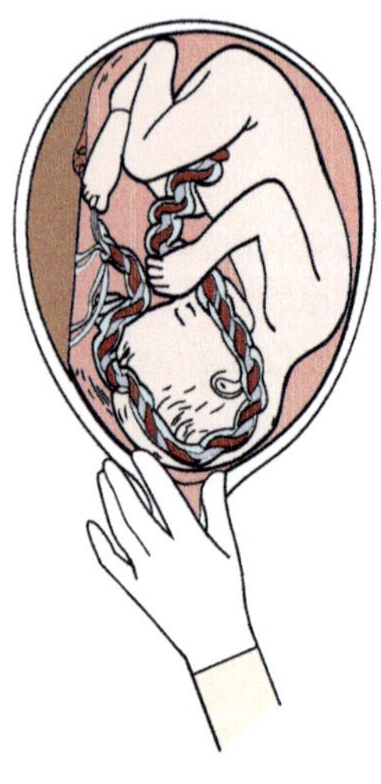

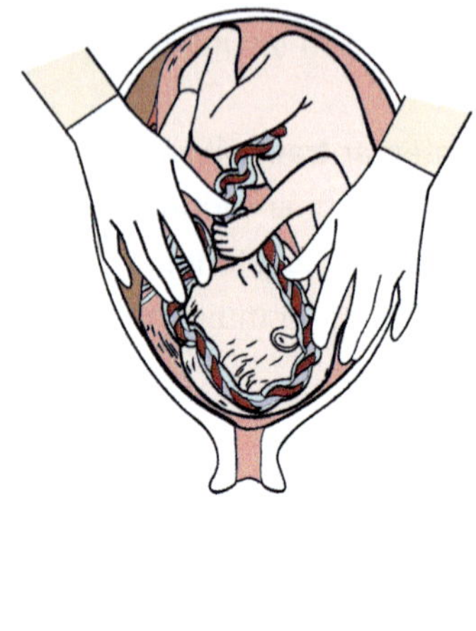

- Valoración de la **dilatación y evolución del cuello** uterino mediante tactos vaginales.
- Se comprobarán las **características del flujo** que hay en el guante tras la realización de los tactos vaginales. Es necesario realizar dicha comprobación, ya que el flujo debe ser transparente. En caso de presentar color verdoso nos indica sufrimiento fetal por meconio. Si es amarillo indica un aumento de la bilirrubina y si es rojo se relaciona con que este presenta contaminación hemática y se asocia a la muerte del feto.
- Control de la **frecuencia cardíaca del feto,** que deberá situarse entre 120 y 160 latidos por minuto. Es necesario saber que cuando la mujer tenga una contracción la frecuencia cardiaca fetal disminuirá (se conoce como **DIP I**), es un acontecimiento fisiológico: al sufrir la madre la contracción, el feto sufrirá una compresión de su cabeza en el descenso por el canal del parto. Si los descensos de la frecuencia cardiaca no coinciden con las contracciones se considera indicativo de sufrimiento fetal **(DIP II)**.
- Se canalizará una **vía venosa** periférica de calibre grueso y se iniciará la sueroterapia.
- Cuando la dilatación sea completa, si no se ha producido la rotura de la bolsa de las aguas, se procederá a realizar una **amniorrexis** (romper la bolsa), con la utilización de una pinza de hemostasia.

- Se realizará la **episiotomía recomendada,** antes de iniciar la expulsión, en caso de que el **parto** sea de **nalgas** o que presente **distocia de hombros** del feto (dificultad presentada en el parto por los hombros del feto).
- Cuando se inicia el **periodo de expulsión** es necesario sujetar con una mano el occipucio del bebé, para evitar una deflexión brusca al salir la cabeza, y con la otra mano se colocará una compresa en la zona perianal, a fin de dar esterilidad a la zona, y también para proteger de desgarros a la misma. No se debe tirar del bebé.
- Si el periné no permite la salida del bebé, se realizará **episiotomía.** La realizaremos coincidiendo con una contracción materna. Se introducirán los dedos índice y medio en la vagina al mismo tiempo de realización de la misma a fin de proteger la cabeza del bebé del corte.
- Tras la salida de la cabeza, se **limpiará la boca** con una gasa. Si se dispone de una ambulancia, en lugar de limpiar la boca con gasas, se procederá a la aspiración de la boca y, posteriormente, se aspirará también la nariz del neonato.
- Comprobar la situación del **cordón umbilical,** en caso de presentarse alrededor de cuello. Si se encuentra laxo, se introducirá un dedo alrededor del mismo y se sacará de la cabeza. Si por el contrario, se encuentra apretado en el cuello, procederemos colocando dos pinzas y cortándolo.
- Posteriormente, deben **salir los hombros del bebé.** Se realizará de la siguiente manera: se rotará la cabeza y se sacará el primer hombro realizando una leve tracción hacia abajo. Cuando dicho hombro se desprenda, para sacar el segundo, se hará leve tracción hacia arriba y hacia atrás.
- Tras la salida de los hombros, **saldrá el resto del cuerpo.**
- **Se pinzará el cordón** con dos pinzas, a unos dos centímetros del abdomen del bebé la primera y la segunda a aproximadamente un centímetro de la primera. Posteriormente se efectuará el corte del cordón y donde se ha colocado la primera pinza, antes de quitarla, se colocará una pinza de plástico especial, que una vez cerrada no se puede volver a abrir.
- Tras el parto, **el cordón y la placenta deben desprenderse.** Cuando la placenta inicie su desprendimiento, la ayudaremos con un giro del cordón. Nunca intentaremos tirar del cordón cuando la placenta aún esté inserta. Es necesario, una vez sean expulsados, comprobar la integridad de ambos.
- **Se realizará la valoración inicial** y los primeros cuidados **al recién nacido,** que serán descritos en el próximo epígrafe.

- Se colocará al recién nacido sobre el abdomen de la madre, siempre en decúbito prono (boca abajo), para favorecer la expulsión de la mucosidad que presente.
- **Valoración del periné** y sutura de posibles desgarros y de la episiotomía (en caso de haberla efectuado). Se colocará una compresa ginecológica para valorar la pérdida hemática.
- Se realizará el traslado de ambos al centro hospitalario más cercano, siempre realizando un control del estado y de la evolución del recién nacido, así como con un **control de las constantes** de la madre. También se prestará una especial atención al **control del sangrado vaginal,** verificando que la vejiga urinaria no se encuentra llena, lo que podría impedir la involución uterina (si es necesario se realizará un sondaje vesical). Se **valorará la involución uterina** cada media hora.

Situaciones especiales

Existen algunas situaciones especiales que, por cuyas posibles complicaciones, es necesario describir. A continuación, se exponen las más frecuentes.

Parto de nalgas

Si el parto es de **nalgas,** es recomendable no efectuar ninguna intervención hasta que no se vean las escápulas del bebé. En este caso, deben seguirse los siguientes pasos:

- Rotar, tras ver las axilas, en el sentido de las agujas del reloj, a fin de liberar el hombro anterior, y luego girar en sentido contrario, para liberar el posterior.
- Abrigar para que no se enfríe. Puede que al enfriarse intente iniciar la respiración pulmonar dentro del útero materno y puede llegar a sufrir una parada cardiorrespiratoria.
- Dejar, una vez extraídos los hombros, que la cabeza descienda por sí misma. Si es necesario, se realizará la **maniobra de Mauriceau,** que consiste en introducir un dedo en la boca del bebe y colocar a este a caballo en el antebrazo de la persona que atiende el parto, posteriormente, se realizará una flexión de la cabeza y posterior rotación para intentar desprenderla del canal del parto.

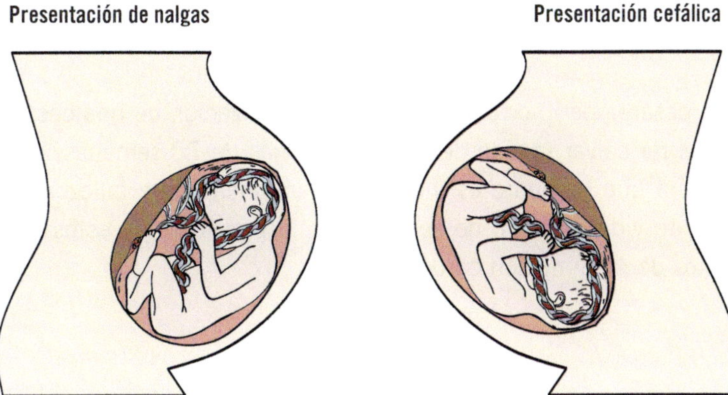

Sabía que...

En un 3 % de los partos, el niño no adopta la posición cefálica para el nacimiento, y se presenta de nalgas.

Prolapso de cordón

Si nos encontramos con un prolapso de cordón (el cordón ha descendido y sale por la vagina), pero no existe encajamiento fetal, colocaremos a la mujer en posición Trendelemburg y se procederá al traslado. Durante este, se presionará la cabeza del feto intentando colocar el cordón.

Prolapso de cordón umbilical

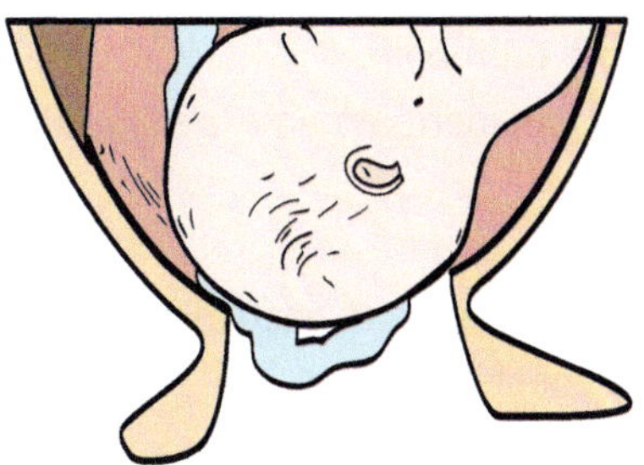

Cesárea perimortem

La cesárea perimortem consiste en la realización de una cesárea a fin de intentar salvar la vida de un feto, de más de 28 semanas, cuando se considera que la madre es inevitable o inminente que fallezca, lleva sin signos de vida 5 min o no se consigue la presencia de estos tras cinco minutos de reanimación cardiopulmonar.

Aplicación práctica

Si una ambulancia es avisada porque una mujer está iniciando un parto, ¿cómo debe actuar el equipo sanitario? ¿Qué es lo primero que debe hacer?

SOLUCIÓN

Es necesario proceder a la valoración de la mujer para determinar si se realiza el traslado o se atiende el parto in situ. Para ello, se valorará la fase de parto en la que se encuentra y la distancia a la que está el centro hospitalario útil más cercano para la atención del parto.

5.4. Parada cardiorrespiratoria en la gestante

Si se presenta el caso de una parada cardiorrespiratoria en una gestante, tanto la vida de la madre como la del feto estarán en peligro.

Las causas más frecuentes de PCR en embarazada son:

- Tromboembolismo pulmonar.
- *Shock* hipovolémico, normalmente derivado de una hemorragia obstétrica.
- Traumatismos.
- Patologías hipertensivas de la gestación.
- Complicaciones anestésicas.
- Reacciones alérgicas a fármacos.

Se deberá tener en cuenta que las maniobras de RCP deberán hacerse con la gestante en decúbito lateral izquierdo a 30°.

Será más difícil la intubación y el masaje cardiaco por esta posición. El riesgo de broncoaspiración será mayor, y la desaturación de oxígeno será más rápida, de manera que es imprescindible una intubación rápida.

En cuanto a la medicación recomendada en el protocolo de RCP se debe saber que algunas de las medicaciones utilizadas, como la adrenalina, tienen la capacidad de atravesar la barrera placentaria.

Con respecto a la desfibrilación, se hará siguiendo los mismos pasos que en la mujer no gestante.

En la siguiente imagen, se ilustra la posición en la que se debe colocar a la mujer gestante para aplica las compresiones torácicas durante la maniobra de RCP.

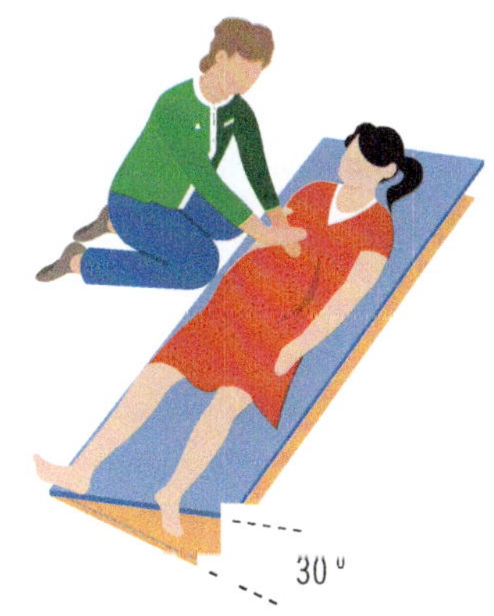

6. Cuidados sanitarios iniciales al neonato. Escala de Apgar. Protección del recién nacido

Los cuidados que va a requerir el neonato sano nada más nacer son similares independientemente del lugar donde haya acontecido el parto. Tras el nacimiento, se realizará una valoración general de la adaptación a la vida extrauterina, y ya en el hospital se continuará con los cuidados y exploraciones pertinentes.

Al nacer, se limpiará la boca y nariz del recién nacido y, si es necesario, se aspiraran las secreciones.

Nota

En un principio, el recién nacido puede presentar un color azulado que poco a poco, con el inicio de las respiraciones, va a volverse rosado. Es un hecho fisiológico normal.

Tras el nacimiento del bebé, se procederá a secarlo y arroparlo. Es muy importante arropar también su cabeza, ya que es una gran fuente de pérdida de calor.

Sabía que...

Al recién nacido no se le debe bañar, simplemente retirar los restos de sangre con una toalla y posteriormente abrigar.

El neonato debe adaptarse a la vida extrauterina, caracterizada por el paso de una circulación fetal, en la que el intercambio se realiza a través de la placenta (proporcionando oxígeno y eliminando dióxido de carbono), a una respiración pulmonar. Para establecer dicha respiración pulmonar es necesaria la evacuación del líquido amniótico de los pulmones, que se va a llevar a cabo con la compresión sufrida en el paso por el canal del parto. También es necesario que se produzcan tres factores que favorecerán la aparición de la primera respiración pulmonar: estímulos térmicos (enfriamiento), estímulos químicos y estímulos táctiles.

Al mismo tiempo que se establece la respiración pulmonar (tras el nacimiento por expansión de los pulmones) se establece una circulación sanguínea pulmonar, para permitir que se realice el intercambio de gases entre la sangre y el aire alveolar. El sistema circulatorio va a sufrir las siguientes modificaciones:

- Aumento de las resistencias vasculares sistémicas.
- Disminución de las resistencias vasculares a nivel pulmonar.
- Aumento del aporte sanguíneo a nivel pulmonar.
- Cierre de ciertos conductos, que se dan durante el estado fetal, y que han permitido el tipo de circulación e intercambio gaseoso durante todo el embarazo.

La valoración de la adaptación a la vida extrauterina se realiza a través del **test de Apgar,** que valora los siguientes aspectos:

- Frecuencia cardiaca
- Esfuerzo respiratorio
- Tono muscular
- Reflejos o irritabilidad refleja
- Color

A continuación, en la siguiente imagen, se indica cómo se va puntuando cada uno de los parámetros a valorar:

Puntuación test de Apgar

	0	1	2
Frecuencia cardiaca	Ninguna	<100 l/min	<100 l/min
Respiración	Ninguna	Irregular	Regular, llanto
Tono muscular	Bajo	Regular	Movimiento vigoroso
Respuesta a estímulos	Ninguna	Muecas	Tos, estornudo, llanto
Color de la piel	Azul / Blanco	Cuerpo rosado	Todo rosado
		Extremidades azules	

Según este cuadro, se establecen los siguientes intervalos de puntuaciones, que corresponden con las tres posibles valoraciones:

- **Test entre 7-10:** recién nacido correctamente adaptado.
- **Test entre 4-6:** moderada depresión.
- **Test entre 0-3:** intensamente deprimido.

Importante

La realización de dicho test se realiza en el minuto 1 y en el 5. Si el valor obtenido en el minuto 5 no es el adecuado se realizará una nueva valoración en el minuto 10 de vida.

Si el neonato debe ser trasladado a un centro hospitalario es importante mantener la vigilancia del recién nacido durante el traslado.

Ya en el hospital, se le darán los siguientes cuidados y atenciones:

- Se valorará al recién nacido (inspección de todo el cuerpo para detectar posibles anomalías).
- Se tallará, pesará y se medirán su perímetro cefálico y torácico.
- Se valorarán los reflejos neurológicos arcaicos que presenta.
- Se realizará la profilaxis ocular y administración de vitamina k.

En caso de ser un recién nacido de riesgo, se requiere un transporte rápido y con asistencia durante el mismo. Algunos de los factores que determinan que un recién nacido se considere de riesgo son:

- Nacimiento pretérmino.
- Peso del recién nacido inferior a 2,500 kg. o superior a 4 kg.
- Puntuación en el test de Apgar inferior a 6.
- Gestación múltiple.
- Si el neonato ha precisado reanimación.

- Si se ha producido preeclampsia o eclampsia materna.
- Si se ha producido rotura precoz de membranas.

Definición

Parto pretérmino
Un parto es pretérmino si se produce antes del final de la semana 37 de gestación.

Parto a término
Un parto es a término si se produce entre la semana 38 y 42 de gestación.

Parto postérmino
Un parto es postérmico sise produce después de la semana 42 de gestación.

El traslado de un recién nacido de riesgo podrá requerir, en función de la valoración del caso concreto, que se adopten las siguientes medidas:

- Control de constantes, monitorizar.
- Mantener la temperatura.
- Vigilancia de signos de depresión neonatal, de dificultad respiratoria o de alarma neurológica.
- Canalizar vía venosa.
- Administración de oxígeno.
- Control glucémico (principalmente en niños de más de cuatro kilos y de madres diabéticas).
- Tener preparado material de RCP por si fuese necesario.

7. Cuidados a la madre durante el "alumbramiento". Precauciones y protocolos básicos de atención

En primer lugar, deberemos tener en cuenta que el parto inminente o periodo de expulsivo se presenta cuando el cuello del útero ha dilatado de forma completa, 10 cm, y las contracciones se producen cada dos o tres minutos. En este momento, la gestante manifestará su necesidad de empujar.

El tiempo estimado de la fase de expulsivo puede ser de entre 30 a 60 minutos; esta rapidez tendrá relación con el número de partos que haya tenido la mujer, de modo que si es primípara, será más lento que si se trata de partos sucesivos.

En el caso de que se presente un parto inminente y se deba asistir a la madre sin que hayan llegado los servicios de emergencia, hay que tener en cuenta las siguientes recomendaciones para los cuidados de la madre:

- Hay que mantener la comodidad de la madre, buscando un lugar íntimo y limpio, en posición de litotomía o semifowler. Estas posiciones son las más cómodas para controlar la salida de la cabeza y proteger el periné de la madre.
  La posición de litotomía consiste en colocar a la paciente en decúbito supino, con las nalgas al borde de la camilla o superficie, con las piernas levantadas y apoyadas sobre el complemento de la camilla (perneras, estribos, etc.).

Litotomía

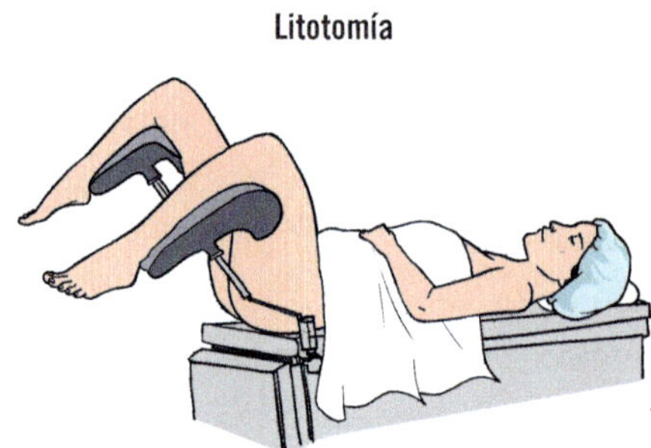

- Habrá que tener en cuenta que en determinados casos, para que la cabeza pase por el canal del parto y el periné, puede producirse un desgarro. Para evitar que este desgarro se produzca de forma aleatoria y pueda ser peor para la madre, se puede realizar una episiotomía, que consiste en un corte en la parte medio-lateral desde la vulva hasta el periné, de manera que la salida de la cabeza no produzca ningún desgarro.

Episiotomía

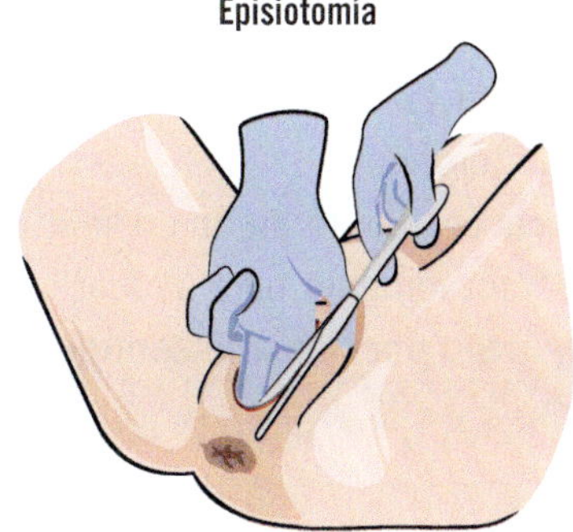

- Si es posible, se podrán controlar las constantes de la madre, especialmente la tensión arterial y el pulso, y si se dispone de una fuente de oxígeno, se puede administrar a bajo flujo.
- Si la bolsa aún no se ha roto, pero se sospecha sufrimiento fetal, será necesario la rotura de esta de forma estéril.
- Se animará a la mujer a que realice respiraciones profundas y forzadas, expulsando el aire aprovechando cada pujo. Hay que dejar que la mujer descanse entre pujo y pujo, aprovechando los espacios de tiempo entre contracciones, y manteniendo una respiración rítmica.
- Una vez la cabeza fetal esté asomando, se deberá sujetar para evitar su salida rápida al exterior con las consiguientes lesiones en clítoris que puede conllevar.
- Una vez la cabeza esté fuera, hay que observar rápidamente si existen vueltas de cordón en torno al cuello del bebé, lo cual podría producir hipoxia y lesiones a este. En este caso, se deben desprender con cuidado del cuello, sin tirar fuertemente para evitar tirar de la placenta. Hay que cortar el cordón después de haber colocado dos clamps o pinzas solo si es imposible deshacer las vueltas.

Recién nacido con vueltas de cordón

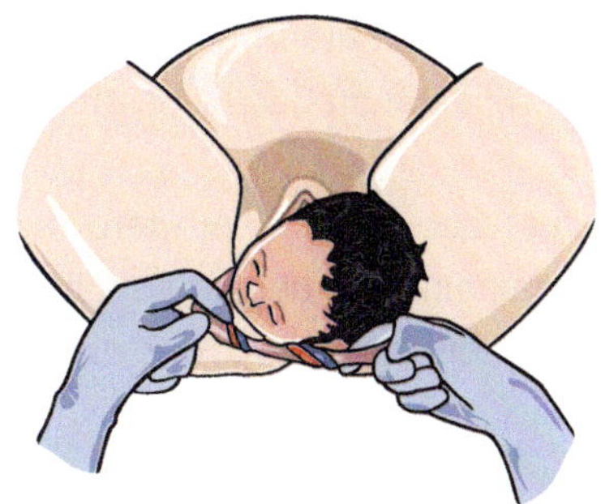

- Una vez comprobado que el cuello del bebé está libre, se debe limpiar su boca para despejar la vía aérea, mediante limpieza con una gasa en el dedo a modo de torunda.
- Una vez fuera la cabeza, no tardarán en salir los hombros, en este paso, se tirará del bebé suavemente para ayudarlo a que salga el hombro superior primero, y luego traccionar al sentido contrario para dejar libre el siguiente hombro.

Parto vaginal

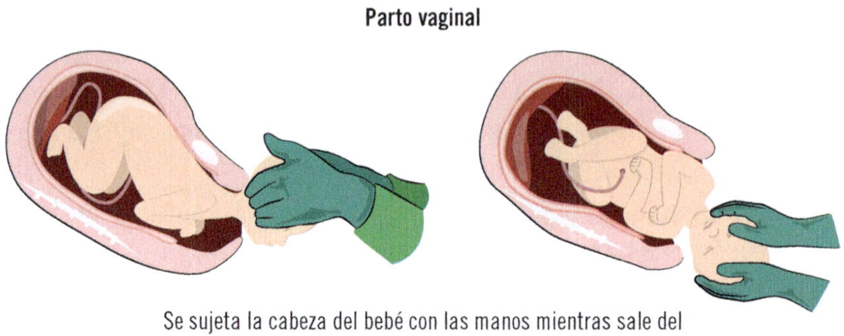

Se sujeta la cabeza del bebé con las manos mientras sale del útero. La cabeza se virará naturalmente hacia un lado.

- Las piernas saldrán de forma automática después.
- Hay que colocar al recién nacido sobre el abdomen de la madre, que permitirá que permanezca caliente y tranquilo, mientras se pinza y corta el cordón umbilical una vez que el bebé haya iniciado la respiración espontánea.
- Una vez interrumpida la circulación del bebé con la placenta por medio del cordón umbilical, se debe dar un tiempo para que salga la placenta. Está tardará hasta 30 minutos más, y durante este periodo las contracciones continuarán, menos intensas, pero igualmente rítmicas.
- No se debe tirar del cordón umbilical para forzar la salida de la placenta, ya que existe riesgo de que alguna parte de la placenta se desprenda de esta y quede dentro del útero, produciendo una infección importante posparto y también puede producirse la atonía uterina, ocasionando una gran hemorragia.
- En pocos minutos, tras el parto, el útero inicia su involución, presentándose firme y palpable por debajo del ombligo. Es importante que se produzca esta involución del útero, que durará semanas tras el parto, ya

que la falta de esta involución provocará que no se detenga la hemorragia de los grandes vasos que se formaron durante la gestación.

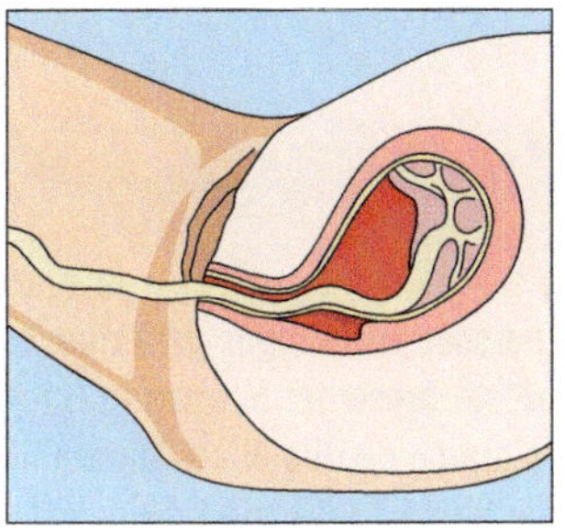

Placenta en el útero inmediatamente después del parto

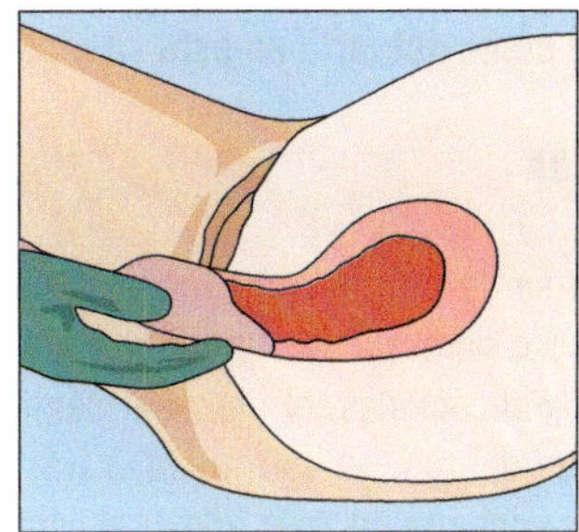

Remoción de la placenta

- Si el parto se ha producido sin que exista personal sanitario especializado presente, se deberá guardar la placenta y trasladarla junto con el feto y la madre para que sea examinada por un profesional.
- Una vez revisado el canal del parto, es importante cerciorarse de que no han quedado restos orgánicos derivados del parto (restos de placenta, tejidos, etc.). También se debe observar y valorar la presencia de desgarro en el periné. Tras esto, se deben colocar en la zona perineal unas gasas o compresas y un paño estéril, y deberá permanecer con las piernas cerradas, sujetando el paño, el cual se debe controlar cada cierto tiempo para ver las características del sangrado.
- En caso de que no hayan acudido los servicios de emergencia, se deberá trasladar de inmediato a la madre, el feto y la placenta a un centro sanitario.

Aplicación práctica

Usted ha sido requerido para trasladar a una mujer que presenta parto en curso. Debe decidir si la traslada directamente a un centro, o si por el contrario en el estadio de parto en el que está debe atender el parto inminente *in situ*.

Continúa en página siguiente >>

<< Viene de página anterior

Se da cuenta de que la cabeza del bebé está fuera, que tiene un color azulado y su cuello está oprimido por el cordón umbilical.

Indique cómo actuaría en esta situación.

SOLUCIÓN

Al tratarse de un parto inminente, lo más seguro sería atender a la madre in situ. Se da el aviso para que un equipo médico se persone en el lugar para que, en caso de que haya complicaciones, el personal sanitario esté presente. Mientras tanto, y viendo que la cabeza del niño ya está fuera, y tras cerciorarse de que el cordón umbilical oprime el cuello, se debería intentar aflojar el cordón de forma suave, sin tirar de este, deshaciendo las vueltas por encima de la cabeza. Si estuvieran muy tirantes, y sea peligroso tirar más fuerte, el cordón debería cortarse con mucho cuidado, siempre después de haber clampado o pinzado el cordón, para evitar la hemorragia. En este caso, hay que estar muy atentos, ya que se producirá falta de flujo de oxígeno al bebé, de manera que se producirá una situación de emergencia que requerirá atención urgente.

---

8. Resumen

Son múltiples las situaciones tanto patológicas como fisiológicas que pueden aparecer a lo largo de la gestación, incluso desde la implantación del cigoto.

Es indispensable para prevenir complicaciones que la embarazada lleve un estricto control y seguimiento del embarazo, en pro de detectar y tratar patologías asociadas a la gestación lo antes posible y actuar en consecuencia, con el objetivo de garantizar la seguridad de la madre y del feto.

Existen algunas patologías que se derivan de la propia gestación como las enfermedades hipertensivas, diabetes gestacional, patologías de la placenta, y situaciones de hemorragia que tienen una alta morbimortalidad, tanto como para la mujer como para el bebé.

La RCP en la gestante tiene una serie de características que la diferencian de la que se lleva a cabo en un adulto.

Ejercicios de repaso y autoevaluación

1. Señale si es verdadera o falsa la siguiente afirmación:

La hiperémesis gravídica consiste en la aparición de cifras de tensión arterial elevada durante el tercer trimestre de la gestación.

- ☐ Verdadero
- ☐ Falso

2. Nombre los distintos tipos de aborto que se han mencionado en el capítulo.

____

____

3. Relacione la semana de gestación que corresponda a cada etapa de desarrollo fetal.

a. Se produce el cierre del tubo neural.
b. Su medida será entre 8 y 11 mm.
c. Se diferencian los dedos de los pies.
d. Tiene lugar la etapa llamada gastrulación.
e. Los ojos comienzan a formarse.

__ Semana 6
__ Semana 7
__ Semana 5
__ Semana 3
__ Semana 4

4. ¿Cómo se denomina el corte que se realiza en el periné para evitar desgarros y garantizar la salid del cráneo del bebé?

a. Litotomía
b. Episiotomía
c. Esplenectomía
d. Perinectomía

5. Nombre los cinco aspectos valorados por el test utilizado para la valoración de la adaptación a la vida extrauterina del recién nacido o test de APGAR.

Capítulo 6

Cumplimentación de la hoja de registro acorde al proceso asistencial del paciente y transmisión al centro coordinador

Contenido

1. Introducción
2. Conjunto mínimo de datos
3. Signos de gravedad
4. Registro Utstein (parada cardiorrespiratoria)
5. Sistemas de comunicación de los vehículos de transporte sanitario
6. Protocolos de comunicación al centro coordinador
7. Resumen

1. Introducción

El Conjunto Mínimo de datos está regulado por ley y es de cumplimiento obligatorio para toda asistencia sanitaria.

Estas hojas de registro son de gran importancia en la asistencia clínica, considerándose documentos oficiales de la asistencia, y son responsabilidad de cada uno de los trabajadores que prestan su asistencia. En ellas quedarán reflejados datos médicos y antecedentes, datos relativos a la filiación del paciente, datos relativos a la asistencia prestada y a las circunstancias en las que se atendió a este paciente. Las constantes vitales, la medicación empleada, las técnicas utilizadas y la necesidad de utilizar materiales técnicos para la asistencia del paciente.

Hay distintos tipos de materiales inmovilizadores que el técnico de emergencias sanitarias debe conocer y emplear en caso de que sean necesarios. Todos ellos se estudiarán a lo largo del capítulo.

2. Conjunto mínimo de datos

En el año 1987 se estableció desde el consejo interterritorial de salud a nivel estatal el llamado Conjunto Mínimo de datos (CMBD), pasando a ser obligatoria su cumplimentación en todos los servicios de salud desde 1992, en el cual se deben recoger en cada proceso asistencial los datos clínicos y administrativos relativos a dicho proceso. Una vez dado de alta el paciente, se extraen datos de su historia clínica, y estos datos se organizan para que se pueda disponer de datos de forma precisa sobre el proceso asistencial.

Estos datos son utilizados tanto por profesionales de la salud, tanto como por los gestores y la propia administración en pro de llevar a cabo estudios epidemiológicos, estudios de morbimortalidad, y otros datos de la población atendida. Además engloba datos demográficos importantes, como los relativos al nacimiento, edad, sexo, fallecimiento, etc.

Algunos de los datos que debe recoger el CMBD son obligatorios, otros son recomendables, y la tendencia es que todo sea archivado en formato electrónico y protegidos por la Ley Orgánica 3/2018, de 5 de diciembre, de Protección de Datos Personales y garantía de los derechos digitales.

El CMBD contiene tres tipos de datos: los de identificación del paciente, datos de identificación del episodio y datos clínicos del proceso.

En la siguiente tabla se detallan los datos que se incluyen en el CMBD:

Datos de identificación del paciente

- Número de Historia
- Sexo
- Fecha de nacimiento
- Domicilio
- Fecha de nacimiento

Datos de identificación del episodio

- Fecha de ingreso
- Fecha de alta
- Tipo de ingreso (programado-urgente)
- Tipo de financiación
- Servicio responsable del alta
- Tipo de alta
- Fecha de intervención (en caso de cirugía)

Datos clínicos

- Diagnóstico principal
- Diagnóstico secundario
- Procedimientos terapéuticos y diagnósticos
- Categorización de las neoplasias

2.1. Filiación

La filiación hace referencia al conjunto de datos que identifican a una persona. Con respecto a lo relativo a la asistencia sanitaria, entendemos la filiación como la identificación de un individuo en cuanto al régimen laboral y su cotización, la cual establecerá sus derechos con respecto al régimen de la seguridad social.

Para que un trabajador esté reconocido por la tesorería general de la seguridad social en España, debe estar adscrito a uno de los distintos regímenes de afiliación a la seguridad social.

Existen distintos tipos de filiación en nuestro país, como son los siguientes:

- Régimen General de la Seguridad Social
- Régimen Especial de Trabajadores Autónomos
- Régimen Especial de la Minería del Carbón
- Régimen Especial de Trabajadores del Mar

2.2. Lugar y hora de la asistencia

Para una asistencia de calidad, los profesionales implicados en esta deberán entender la importancia del registro del lugar y hora de la asistencia.

Con respecto al lugar, será importante por asuntos jurídicos, en caso de que sea necesaria una peritación de las causas o circunstancias que rodean la asistencia, así como para que los equipos de emergencias que tengan que ser movilizados puedan estimar con la mayor precisión el tiempo de llegada al punto de asistencia.

En cuanto a la hora, en muchas patologías, el tiempo de respuesta que se presta será de vital importancia con el objetivo de administrar ciertos tratamientos, que son dependientes del tiempo de aparición de la asistencia.

A continuación, se especifican algunos procesos urgentes en los que es preciso conocer el inicio de la causa para su tratamiento:

Datos de identificación del paciente

- Número de Historia
- Sexo
- Fecha de nacimiento
- Domicilio
- Fecha de nacimiento

Datos de identificación del episodio

- Fecha de ingreso
- Fecha de alta
- Tipo de ingreso (programado-urgente)
- Tipo de financiación
- Servicio responsable del alta
- Tipo de alta
- Fecha de intervención (en caso de cirugía)

Datos clínicos

- Diagnóstico principal
- Diagnóstico secundario
- Procedimientos terapéuticos y diagnósticos
- Categorización de las neoplasias

2.3. Constantes vitales

En toda asistencia sanitaria, sea hospitalaria o extrahospitalaria, los miembros del equipo deberán llevar a cabo la determinación de las constantes vitales, y su registro en la hoja correspondiente. Estos datos serán determinantes para llevar a cabo un diagnóstico por parte de los facultativos, complementando el resto de evidencias clínicas halladas tras la exploración del paciente y las pruebas diagnósticas que se lleven a cabo.

Algunas de las constantes vitales a registrar serán las siguientes:

Frecuencia cardíaca	- Se expresa en latidos por minuto (lpm). - El rango normal está entre 60-100 lpm. - Se puede determinar en varias arterias, como carótida, femoral, radial o cubital.
Tensión arterial	- Se expresa en milímetros de mercurio (mmHg). - Se debe diferenciar entre tensión arterial Sistólica y Diastólica. - Los valores para la TAS serán entre 80-139 mmHg. - Los valores para la TAD serán entre 50-89 mmHg.
Frecuencia respiratoria	- Se expresa en respiraciones por minuto (rpm). - El rango normal está entre 10-20 rpm. - Se observará el tórax del paciente durante un minuto.
Saturación de oxígeno	- Se expresa en tanto por ciento. - El máximo es 100 % y no debe estar por debajo de 92 %. - Para su determinación es preciso un pulsioxímetro, que se colocará en la uña del paciente, o en el lóbulo de la oreja.
Temperatura	- Se expresa en grados centígrados (ºC). - Los valores normales deberán estar comprendidos entre 36 ºC y 37 ºC. - Existe variación si la toma se realiza en axila, boca o ano.
Glucemia capilar	- Se expresa en miligramos por decilitro (mg/dl). - Es preciso un glucómetro, una lanceta y tiras reactivas para su determinación. - Se realiza a través de un pinchazo con la lanceta en el dedo. - Los valores normales son entre 80 a 120 mg/dl.

Las constantes vitales se pueden registrar en hojas de registro de constantes, que variará dependiendo del servicio, pero que en todos casos tendrá espacios para anotar todas las constantes vitales. Un ejemplo de estas graficas es la siguiente:

GRÁFICA DE ENFERMERÍA

UNIDAD .... ITT/TLF .... CAMA .... GRAFICA Nº............

AÑO .... Mes .... **ALERGIA**: NO CONOCIDAS SI A ....

Fecha/Día Hospitalización							
Peso – Talla							
Dieta							
Oxígeno							
Índice Norton							
Nivel dependencia							

R	TA	P	T
50	270	140	40
40	220	120	39
30	170	110	38
20	120	100	37
10	70	80	36
5	20	60	35

Suero Salino							
Trasfusiones							
Ingesta							
Entradas. TOTAL:							
Diuresis							
Vómitos – Asp.							
Sudor							
Expectoración							
Deposiciones							
Drenajes A B C							
Salidas. TOTAL:							
Balance							

2.4. Antecedentes patológicos (patología de base, alergias, medicación habitual)

Otras de las claves para completar una historia clínica óptima, en la que se recopilen todos los datos relevantes del paciente pasa por la entrevista sobre los antecedentes del paciente.

Una de los primeros datos a obtener es la existencia de alergias a medicamentos del paciente. Esta se registrará en la hoja de asistencia. También se debe interrogar sobre las patologías previas o crónicas que tenga el paciente, como diabetes, hipertensión, epilepsia, problemas cardíacos o respiratorios, limitaciones funcionales (hemiplejías, alteraciones de los sentidos como ceguera), alzheimer, así como la medicación con la que esté en tratamiento con el fin de evitar sobredosificaciones, interacciones y reacciones alérgicas.

Sabía que...

En caso de que el paciente no presente o no conozca la presencia de ninguna alergia a medicamentos, se pueden utilizar las iniciales N/C (no conocidas) o NAMC (no alergias medicamentosas conocidas).

2.5. Valoración primaria y secundaria

Se considera **valoración primaria** la que se realiza de forma inicial a un enfermo en la que se determinan las funciones vitales básicas como son la respiración, el pulso y la consciencia.

Una vez determinada la existencia de estas funcionales básicas, se procederá a la **valoración secundaria,** que incluirá una valoración pormenorizada y protocolizada empezando en un orden desde la cabeza a los pies, o lo que se denomina valoración cráneo-caudal:

- **Cabeza:** se buscarán heridas y contusiones, así como sangrado.
- **Cuello:** es importante aflojar las prendas que lo opriman, buscar deformidades y heridas.
- **Tórax:** igualmente se buscarán heridas y hemorragias, se valorará la simetría del mismo, y búsqueda de deformidades que pueden ser signo de rotura de costillas.
- **Abdomen:** valorar inflamación del mismo, que puede ser signo de hemorragia interna.
- **Extremidades:** se buscarán deformidades, heridas y sangrado. Se evaluará la capacidad de movilidad.
- **Espalda:** no olvidar revisar la parte posterior de todas las partes mencionadas antes, ya que puede haber lesiones que no se detecten.

En las gráficas de asistencia en emergencias, aparece un dibujo esquemático del cuerpo humano para que sean registradas las lesiones detectadas en la valoración secundaria.

Aplicación práctica

Si se encuentra usted asistiendo una emergencia en la vía pública, ¿qué signos vitales debería obtener de la víctima afectada y cómo procedería realizar la valoración oportuna?

SOLUCIÓN

Se debe determinar la frecuencia cardíaca, la frecuencia respiratoria, la tensión arterial, la saturación de oxígeno, la glucemia capilar y la temperatura. Se llevará a cabo una valoración primaria, evaluando las funciones vitales básicas como son la consciencia, la respiración y el pulso y, a continuación, se realizará una valoración secundaria, en orden cráneo-caudal.

3. Signos de gravedad

En este apartado se estudiarán los diferentes signos de gravedad que deberán ser tenidos en cuenta en torno a la asistencia en emergencias.

3.1. Indicar contacto con médico coordinador

Todo servicio de emergencias se encuentra coordinado con un llamado centro coordinador, que atiende, gestiona y distribuye los recursos sanitarios precisos en cada tipo de emergencia.

El responsable de este centro coordinador es el llamado médico coordinador.

Una vez se ha comunicado la situación de emergencia al centro coordinador, este activará los recursos necesarios para iniciar la asistencia.

La persona que realiza el aviso deberá indicar los datos del emplazamiento de la emergencia, número de víctimas, situación de las mismas y todos aquellos datos que sean requeridos por el centro coordinador, teniendo como obligación seguir las indicaciones que reciba en pro de auxiliar y mantener la seguridad en el lugar de los hechos.

Una vez en el lugar de la asistencia, el médico coordinador podrá requerir más información a través de radio o el medio de comunicación oportuno con el equipo de asistencia; y dará las órdenes que considere oportunas.

3.2. Oxigenoterapia

Una de las responsabilidades del técnico de ambulancia es mantener todos los equipos y material en un estado ideal para la asistencia. Entre estos bienes se incluye todo lo relacionado con la oxigenoterapia.

En cada unidad de ambulancia deberá haber un sistema de provisión de oxígeno, y los elementos adecuados para administrarlo al paciente.

A continuación, se detallan los diferentes sistemas de administración de oxigenoterapia:

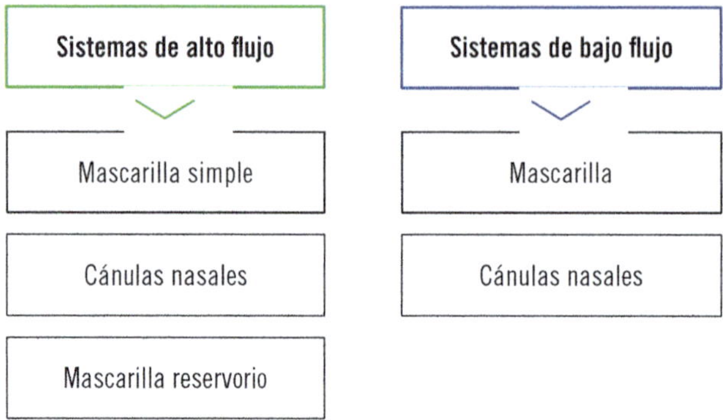

3.3. Técnicas realizadas (DESA)

El término DESA hace referencia a las siglas de Desfibrilador Semiautomático. Algunos equipos de emergencias cuentan con equipos de desfibrilación para tener la capacidad de llevar a cabo el soporte vital avanzado, que tiene como base la desfibrilación precoz.

En este sentido, algunos equipos están provistos de un DESA, que tiene la capacidad de determinar si el ritmo cardíaco de la persona monitorizada es susceptible de ser desfibrilado. Para usarlo, se aplican unos electrodos adhesivos en el tórax del paciente, y de forma automática el propio DESA determina el ritmo cardiaco. Si este es Fibrilación Ventricular o Taquicardia Ventricular sin Pulso, se procederá a la descarga. Otros ritmos no desfibrilables son la asistolia, o la actividad eléctrica sin pulso.

En caso de que sea desfibrilable, el propio DESA indicará los pasos a seguir como, por ejemplo, alejarse del paciente y, en caso contrario, guiará para continuar con un masaje cardiaco eficaz hasta que el ritmo vuelva a ser evaluado.

En caso de haber aplicado una descarga al paciente, también deberá ser registrada la hora, los julios aplicados y el número de descargas emitidas.

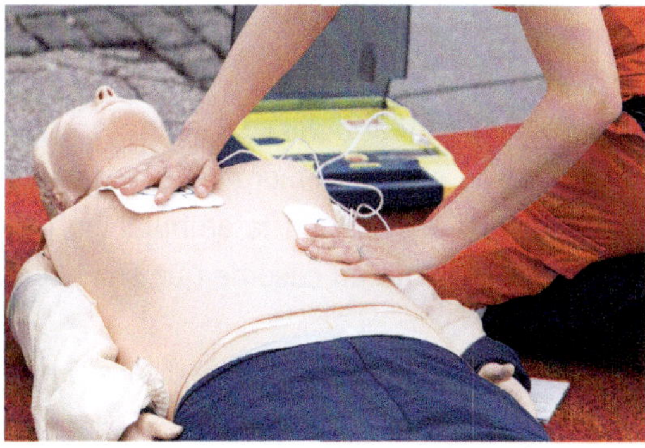

Colocación de los electrodos del DESA sobre el paciente

3.4. Tratamiento postural

Dependiendo del tipo de lesiones que presente el paciente, estará indicado la aplicación de distintas técnicas posturales para prevenir el empeoramiento del paciente.

A continuación, se presentan distintos tipos de posiciones y sus indicaciones clínicas:

- **Decúbito supino.** Para exploraciones rutinarias, postoperatorio o estancia en cama.
- **Decúbito prono.** Insuficiencia respiratoria severa con colapso pulmonar, cirugías de columna.
- **Decúbito lateral.** Administración de enemas, higiene del paciente.
- **Sims.** Como la posición lateral de seguridad, se evita broncoaspiración en pacientes inconscientes. Drenaje pulmonar.
- ***Fowler.*** Problemas cardíacos y respiratorios.
- ***Trendelemburg.*** Lipotimias, síncopes, hemorragias. Llamada posición *antishock.*
- **Antitrendelemburg.** Hernia de hiato, exploraciones radiológicas.
- **Roser o Proetz.** Intubación traqueal. Exploración faringea.
- **Litotomía.** Exploración ginecológica, partos, sondaje vesical.
- **Genupectoral.** Exploraciones rectales.

3.5. Dispositivos inmovilizadores

El técnico de emergencias sanitario debe mantener todo el equipo de asistencia listo para ser usado en caso de emergencia. Existen diversos tipos de dispositivos que deben estar presentes en la ambulancia para garantizar una correcta inmovilización del paciente en caso de que sea necesario.

A continuación, se detallan los distintos tipos de dispositivos de inmovilización:

Collarín cervical Es importante elegir la talla correcta	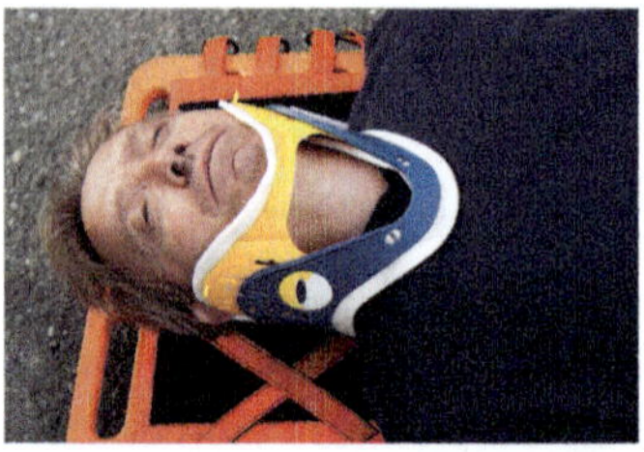
Inmovilizador lateral de cabeza "Dama de Elche" Se coloca una vez puesto el collarín y evita la lateralización del cráneo y el cuello	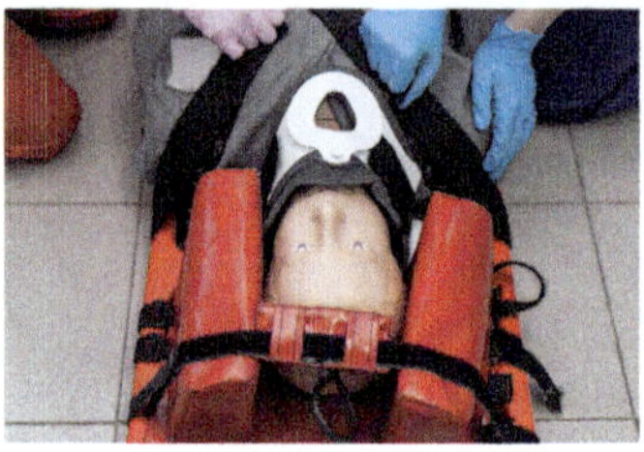
Tabla espinal Tabla rígida para transporte del enfermo	
Camilla de cuchara Se separa en dos partes, que una vez colocado el enfermo encima, se unen y se puede proceder a la movilización	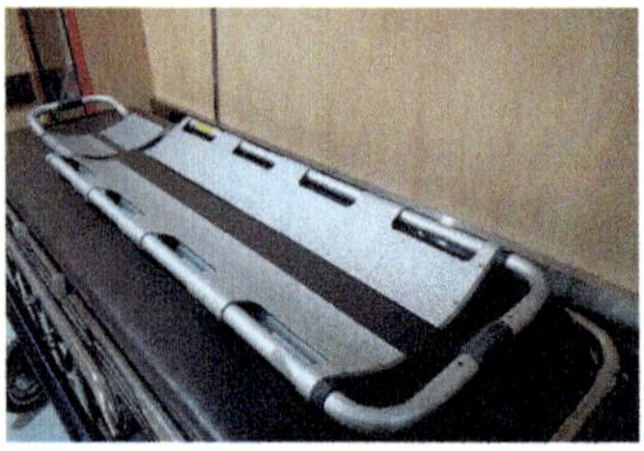

Continúa en página siguiente >>

<< Viene de página anterior

Férula espinal Útil para sacar a una persona de un vehículo sin lesionarlo. Protege la columna	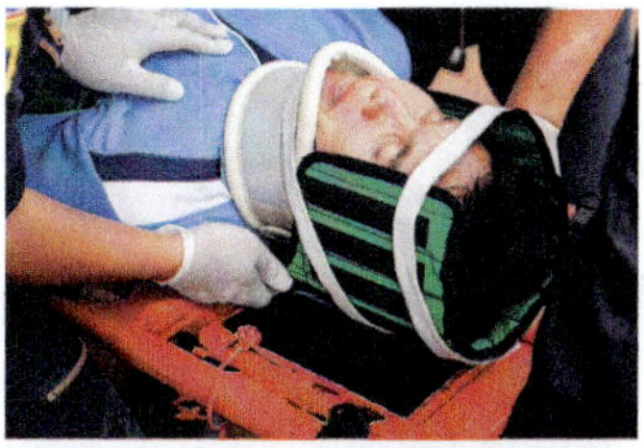
Colchón de vacío Una vez posicionado el paciente, se procede a hacer el vacío, y este quedará protegiendo al paciente	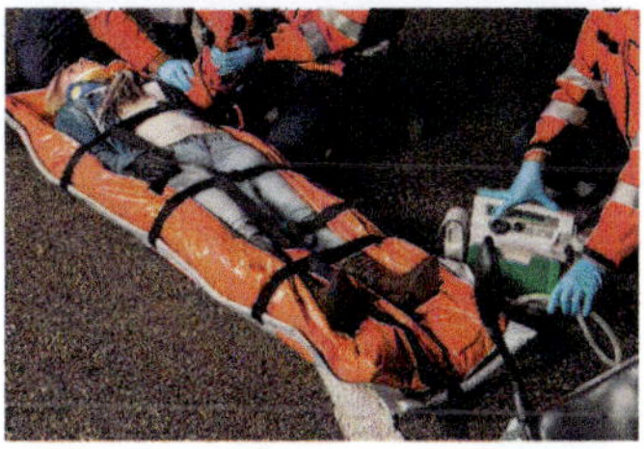
Férulas de vacío Se recubre la extremidad con la férula y posteriormente se hace el vacío	
Férulas de vacío Para fracturas de fémur o tibia	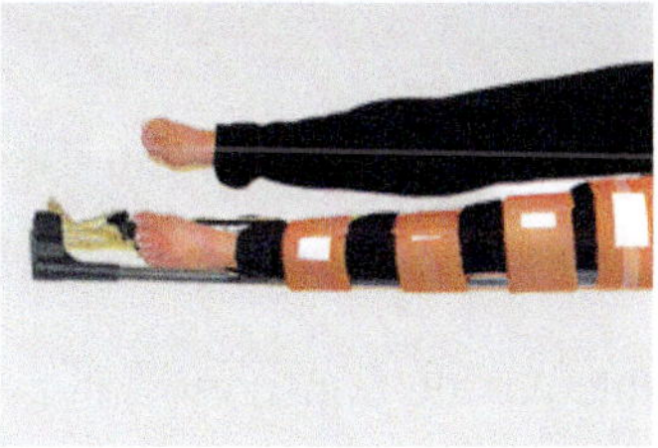

3.6. Firma del profesional

Después de concluir cualquier asistencia y haber terminado de completar todos los registros, el profesional procederá a firmar dicho registro, para que quede constancia de quién ha intervenido.

Es posible que si se trabaja con dispositivos electrónicos esta se lleve a cabo por medio de una firma electrónica generada a partir de las credenciales del profesional.

4. Registro Utstein (parada cardiorrespiratoria)

Se denomina registro Utstein a un sistema de comunicación de los datos relativos a una parada cardiorrespiratoria. Se establecen para este registro una serie de parámetros y sucesos que han de estar presentes en los informes de asistencia.

Entre los datos a recoger se encuentra el nombre del paciente, su edad, sexo, dirección del paciente y dirección de la asistencia en la parada cardiorrespiratoria, la fecha y hora de la parada, si fue presenciada por testigos o no, hora en que se dio el aviso de alerta al centro coordinador, hora de las descargas eléctricas aplicadas, y la potencia de estas, el código RTSU que identifica la unidad que realizó la desfibrilación y asistencia, hora del restablecimiento de la circulación si es que se produjo, hora del abandono de la RCP u hora de la muerte en su caso. Además se anotarán las técnicas, procedimientos y medicación que se haya empleado en la resucitación.

5. Sistemas de comunicación de los vehículos de transporte sanitario

Los vehículos de transporte sanitario deben estar dotados de mecanismos de comunicación seguros para garantizar una correcta coordinación con el resto de niveles asistenciales.

Es imprescindible que el equipo sea capaz de dar respuesta inmediata a los requerimientos que este centro coordinador establezca, y tener capacidad a su vez de demandar todo aquello que sea necesario como refuerzo y apoyo de otros equipos sanitarios o equipos de seguridad, si fuera necesario.

Para ello, los vehículos de transporte sanitario estarán provistos de sistemas inalámbricos o fijos, como la radio, la telefonía móvil, sistema de satélite o la red de internet, con los que se puede acceder a la historia clínica del paciente de forma telemática y facilita el trabajo de asistencia *in situ* a los profesionales.

6. Protocolos de comunicación al centro coordinador

Todos los profesionales que deban comunicarse para completar una asistencia sanitaria deberán conocer una serie de pautas para garantizar una comunicación de calidad en la que se transmita toda la información posible y los implicados puedan comunicarse sin interrupciones, tanto el equipo de asistencia como el equipo coordinador.

La información se dará de la forma más concreta posible, para evitar que se presenten malentendidos. No será adecuado mandar mensajes que puedan generar confusión. Es importante dejar que el interlocutor termine su mensaje, dejar unos segundos para cerciorarse que este mensaje ha finalizo antes de contestar.

Existen sistemas de codificación por radio, para abreviar, como es el código internacional ICAO, en el que se utilizan letras en modo de deletreo y números. Las letras están establecidas como por ejemplo J será Juliet, L es lima, A es alfa, etc.

Código ICAO Internacional			
A: Alfa	H: Hotel	O: Oscar	V: Victor
B: Bravo	I: India	P: Papa	W: Whiskey
C: Charly	J: Juliet	Q: Quebec	X: Xray
D: Delta	K: Kilo	R: Romeo	Y: Yankie
E: Echo	L: Lima	S: Sierra	Z: Zulo
F: Foxtrot	M: Mike	T: Tango	
G: Golf	N: November	U: Uniform	

7. Resumen

El llamado Conjunto Mínimo de datos (CMBD) recoge en cada proceso asistencial los datos clínicos y administrativos relativos a dicho proceso.

Para una asistencia de calidad, los profesionales implicados en esta, deberán entender la importancia del registro del lugar y hora de la asistencia.

En toda asistencia sanitaria, sea hospitalaria o extra hospitalaria, los miembros del equipo deberán llevar a cabo la determinación de las constantes vitales, y su registro en la hoja correspondiente.

Otra de las claves para completar una historia clínica óptima, en la que se recopilen todos los datos relevantes del paciente, pasa por la entrevista sobre los antecedentes del paciente.

Se considera valoración primaria la que se realiza de forma inicial a un enfermo en la que se determinan las funciones vitales básicas como son la respiración, el pulso y la consciencia.

Una vez determinada la existencia de estas funcionales básicas, se procederá a la valoración secundaria, que incluirá una valoración pormenorizada y protocolizada, empezando en un orden desde la cabeza a los pies, o lo que se denomina valoración cráneo-caudal.

Todo servicio de emergencias se encuentra coordinado con un llamado centro coordinador, que atiende, gestiona y distribuye los recursos sanitarios precisos en cada tipo de emergencia.

Se denomina registro Utstein a un sistema de comunicación de los datos relativos a una parada cardiorrespiratoria.

Ejercicios de repaso y autoevaluación

1. **¿Cuál es un dato de identificación del paciente contemplados en el CMBD?**

   a. Fecha de ingreso
   b. Diagnóstico principal
   c. Fecha de nacimiento
   d. Diagnóstico

2. **¿Cuál de los siguientes procesos están dentro de las emergencias dependientes de tiempo?**

   a. Infarto
   b. Ictus
   c. Trauma grave
   d. Todas las opciones son correctas.

3. **¿Cuál de las siguientes opciones hace referencia a la medición de la saturación de oxígeno?**

   a. Se expresa en milímetros de mercurio (mmHg).
   b. Se expresa en tanto por ciento.
   c. Se expresa en miligramos por decilitro (mg/dl).
   d. Se expresa en respiraciones por minuto (rpm).

4. **¿A qué corresponde la siguiente definición?**

   Sistema de comunicación de los datos relativos a una parada cardiorespiratoria.

   a. Conjunto Mínimo Básico de Datos
   b. Hoja de constantes
   c. Registro Utstein
   d. Registro de parada

5. **¿Cuál de las siguientes opciones es incorrecta con respecto a los sistemas de comunicación de los transportes sanitarios?**

    a. El equipo de comunicación debe dar respuesta al centro coordinador de forma inmediata.
    b. Los vehículos de transporte estarán dotados de distintos sistemas, fijos e inalámbricos.
    c. No se recomienda el uso de sistemas satélite para la comunicación.
    d. El técnico de transporte sanitario deberá conocer el funcionamiento y los protocolos de uso de cada dispositivo.

Bibliografía

Monografías

- Amer College of Surgeons: *ATLS, soporte vital avanzado en el trauma.* 2023.
- Asociación Española de Cirujanos: *Manual de algoritmos para el manejo del paciente politraumatizado.* 2018.
- GARCÍA de Buen, J. M.: *Atención sanitaria inicial en situaciones de emergencia.* Editorial Aran: 2012.
- JIMÉNEZ Murillo, L.: *Medicina de urgencias y emergencias.* Elsevier: 2023.
- MAÑAS Baena, E. y PÉREZ Rodríguez, E.: *Patología respiratoria, manual de actuación.* Berri: 2004.
- National Association of Emergency Medical Technicians (NAEMT): *PHTLS: Soporte vital de trauma prehospitalario.* Jones and Bartlett Publishers: 2019.
- ROIS, O.: *Cinemática del trauma.* 2004.

Textos electrónicos, bases de datos y programas informáticos

- Dolor torácico en urgencias, de: <https://www.sciencedirect.com/science/article/abs/pii/S030089320873519X>.

- Legislación española acerca del uso del DESA, de: <https://www.boe.es/buscar/doc.php?id=BOE-A-2009-5490>.

- Revisión sistemática del uso del torniquete, de: <https://titula.universidadeuropea.com/handle/20.500.12880/3607>.

- Últimas recomendaciones de la ERC/AHA sobre SVB, en vigor a fecha de la creación del manual, de: <https://semicyuc.org/wp-content/uploads/2021/09/RCP-Guias-ERC-2021-01-Resumen-Traduccion-oficial-CERCP.pdf>.

- Uso de la oxigenoterapia, de: <https://www.elsevier.es/es-revista-medicina-integral-63-articulo-laoxigenoterapia-situaciones-graves-10022221>.